辽宁省教育厅 2019 重点攻关项目资助（LJ2019ZL006）
辽宁省 2019 哲学社会科学规划基金项目资助（L19BJY027）

金融网络与风险传染

贾凯威　著

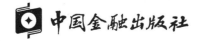

责任编辑：黄海清
责任校对：潘　洁
责任印制：张也男

图书在版编目（CIP）数据

金融网络与风险传染/贾凯威著．—北京：中国金融出版社，2020.10
ISBN 978 - 7 - 5220 - 0809 - 7

Ⅰ.①金… Ⅱ.①贾… Ⅲ.①金融网络—研究—中国②金融风险防范—研究—中国 Ⅳ.①F832

中国版本图书馆 CIP 数据核字（2020）第 174813 号

金融网络与风险传染
JINRONG WANGLUO YU FENGXIAN CHUANRAN

出版
发行　中国金融出版社

社址　北京市丰台区益泽路 2 号
市场开发部　（010）66024766，63805472，63439533（传真）
网 上 书 店　http：//www.chinafph.com
　　　　　　　（010）66024766，63372837（传真）
读者服务部　（010）66070833，62568380
邮编　100071
经销　新华书店
印刷　保利达印务有限公司
尺寸　169 毫米 ×239 毫米
印张　8.5
字数　110 千
版次　2020 年 10 月第 1 版
印次　2020 年 10 月第 1 次印刷
定价　32.00 元
ISBN 978 - 7 - 5220 - 0809 - 7
如出现印装错误本社负责调换　联系电话（010）63263947

前　　言

　　结构决定性质，性质影响功能，功能决定效果。主流经济学与计量经济建模往往忽视代理人之间的互动关系与信息传递，淡化代理人的有限理性特征，忽视代理人个体间的信息反馈而导致的系统脆弱性。经济学家对 2007 年美国次贷危机及由此导致的全球金融风暴的预测失败，再次让学术界、政界与企业界对传统风险预警建模产生质疑，并对考虑个体间互动关系的金融网络建模与金融网络预警进行了广泛探讨与应用。基于网络科学、经济物理学与计量经济学的金融网络建模与金融系统性风险预警成为本书的主要动机与内容。

　　全书共分 6 章，第 1 章为绪论，围绕问题提出、研究意义、研究现状、研究内容、研究方法等展开论述。第 2 章简要介绍了网络科学在经济金融领域的主要应用，包括劳动力市场、买方—卖方网络、金融网络传染、社会网络与投资决策、投资银行与网络等。第 3 章基于 CPI 网络连通性对消费者价格指数感知偏差进行了研究。基于 Diebold 和 Yilmaz 框架，将网络科学理论应用于 CPI 各子指数间的网络结构描述，以刻画 CPI 各子指数间的网络连通性。通过刻画 CPI 网络连通性的时变性，从网络结构的视角进一步定量地认识 CPI 感知偏差的原因与程度。研究表明，我国 CPI 的网络连通性指数呈现出震荡上升、动态波动的变化趋势。我国 CPI 网络连通性的持续上升意味着市场对 CPI 的感知偏差逐渐下降。对 CPI 网络连通性的描述性分析发现，我国 CPI 网络连通性的平均值为 78.3%，CPI 感知偏差为 $1 - 78.3\% =$

21.7%，表明我国 CPI 感知偏差的纠正仍然存在较大空间。第 4 章借助金融网络的连通结构解释金融风险传染机制。以金砖五国（BRICS）与美国1996 年 12 月至 2019 年 10 月月频数据为样本，基于 VAR – aDCC – EGARCH（1，1）模型测度了美国与金砖五国之间的非对称动态相关系数（aDCC），以此表征 US – BRICS 金融市场间的金融传染，并基于 DY – VAR 框架对股票市场网络连通性进行测度，建立并估计了非对称动态相关系数（aDCC）对网络连通性的分位回归模型，从网络视角揭示了风险传染的网络机制。结果表明，美国对金砖五国存在显著的金融风险传染，各国间的金融网络连通性具有显著的时变性，金融市场网络连通性对风险传染具有显著的非对称正向影响，金融网络连通性对高风险传染的影响远远大于对低风险传染的影响；金融网络连通性不仅是美国与金砖五国金融传染的直接影响因素，还在很大程度上强化了石油价格（经济基本面传染）、金融压力与黄金价格（投资者行为传染）的影响，构成了石油价格、黄金价格与金融压力影响金融风险传染的调节机制。通过监测股票市场网络结构特征的动态演化，可以对股票市场系统性风险进行预警。第 5 章基于我国金融上市公司2010 年 9 月至 2020 年 2 月的周数据，利用 DCC – MGARCH 与 Granger – Causality 构建包含房地产部门的金融有向权重网络，基于最小有向树分析了房地产市场发生不同程度冲击时的风险传染路径，并采用门限自回归模型实证检验了金融网络连通性的非线性自演化特征。结果表明，中国房地产部门对金融部门存在显著的金融传染，金融机构与房地产部门平均动态相关系数呈三峰状，市场对房地产业的预期正在逐渐分化，这种分化加剧了风险传染。中国金融网络具有显著的子部门集聚与幂律分布特征。房地产冲击的风险传染路径与冲击程度有关，极端冲击下的最小有向树具有明显的星状结构，小幅冲击则具有链状特征。同时，中国金融网络连通性具有显著的非线性、自演化动态调整特征，对股市未来收益与风险具有显著的预测作用，可作为先行指标对股市系统性风险进行预警。第 6 章总结全文，对加强金融网络建模与金融网络监控并进行系统性风险预警提出了政策建议。

目　　录

第1章 绪论

1.1 问题提出

结构决定性质，性质影响功能，功能决定效果。主流经济学与计量经济建模往往忽视代理人之间的互动关系与信息传递，淡化代理人的有限理性特征，忽视代理人个体间的信息反馈而导致的系统脆弱性。经济学家对2007年美国次贷危机及由此导致的全球金融风暴的预测失败，再次让学术界、政界与企业界对传统风险预警建模产生质疑，并开始关注考虑个体间互动关系的网络建模与网络预警在金融经济领域的应用。在此背景下，基于网络科学、经济物理学与计量经济学的金融网络建模与金融系统性风险预警问题成为当前研究的热点。

金融网络的构建、金融网络的信息过滤、金融网络结构分析、金融网络动态演化及基于金融网络建模的风险预警成为本书的研究重点。得益于股票市场丰富海量的数据及现代计算技术的突飞猛进，自 Mentagan（1999）首次基于经济物理学与网络科学研究了股票市场层级网络结构以来，大量学者开始在此领域不断深耕。在如何对各国股票市场间的相依性进行刻画，如何根据股市间的相依性构建有向权重网络，如何对金融网络结构进行分析，如何根据金融网络拓扑结构特征进行计量建模以预测金融风险及其传染路径等问题的研究上仍然存在非常大的空间。

1.2 研究意义

金融网络与风险传染研究是在主流经济学与计量经济学建模中忽视代理人之间互动关系与有限理性特征的情况下，在计算机技术与大数据技术突飞猛进的背景下，力图更好地分析与预测金融系统性风险，将网络科学、经济物理学与计量经济学进行交叉综合应用的一次有益尝试和探索，是将数据科学、网络科学、经济科学的交叉应用，也是数据驱动建模与理论驱动建模的一次有益尝试，对于现有经济学、金融学培养复合型创新人才具有重要意义和价值。

此外，金融网络与金融传染研究对于揭示金融风险产生与传染的网络机制进行了实证研究，对金融风险的防范与预警具有重要现实意义。例如，本书实证检验了金融网络结构与金融市场波动间存在单向因果关系，这表明，通过构建金融网络并对金融网络进行预测，可以对未来金融波动进行预警，从而有利于前瞻性金融风险防范政策的制定与实施。此外，本书实证检验了"过度连接而不能倒"以及"大而不能倒"同时存在，这为货币当局的微观审慎与宏观审慎提出了新的监管要求与方向。

1.3 研究内容

全书共分 6 章，主要研究了经济与金融网络的构建、拓扑结构分析与网络结构演化的特征。第 2 章对网络科学在经济、金融的应用进行了概述；第 3 章重点对网络科学在 CPI 认知偏差分析方面进行了实证研究，网络构建框架采用 Diebold 和 Yilmaz（2012，2014），即 DY 框架。通过网络连通性及各子指数间格兰杰因果关系确定 CPI 传递路径，进而对 CPI 的认知偏差进行定量研究。第 4 章对金砖五国股市网络与美国等国对金砖国家风险传染进行实证研究。基于 aDCC - VAR - EGARCH 确定股票市场间的动态传染程度，基于 rolling window 方法估计动态网络与网络结构演化，在此基础上对金融传染与网络结构之间的关系进行分位数回归，揭示网络结构与金融传染间的内在机制。第 5 章则对我国含房地产部门的金融部门连通性与风险传染路径进行实证研究。网络构建方法为 DCC – GARCH 模型，得到动态相关系数及其平均值，构建有向权重动态网络与静态网络，并采用最小生成树研究了金融系统风险传染路径。在此基础上，进一步采用时间序列建模研究了网络动态演化特征，对风险预警进行了研究。

1.4　研究方法

研究采用定性分析与定量分析相结合，规范研究与实证研究相结合的方法，将网络科学、计量经济学等学科交叉应用。具体方法包括：

第一，DCC – GARCH 模型。采用该模型，获得多变量间的动态相关系数，用于测度风险传染程度或股票相依性。

第二，格兰杰因果检验。采用该方法获得有向权重网络中各节点之间的连接方向，为有向权重图的绘制与拓扑结构分析奠定基础。

第三，滚动窗口估计策略。在构建动态网络时，通过循环调整子样本估计多个子样本的网络，进而形成动态网络。

第四，经济物理学与网络科学。研究经济金融网络的构建、网络结构特征以及网络结构演化，都离不开经济物理学与网络科学。

第 2 章　网络在经济金融中的应用

现代金融机构表现出高度的相依性，这种相依性来自金融机构财务报表资产端与负债端的关联。例如，基于银行间市场的共同风险敞口构成了银行间的直接关联。相似地，银行间的间接关系表现为各银行持有相似的投资组合或拥有相同的存款客户。广义上，网络可以理解为节点以及节点间的连接，在金融体系的表示中非常有用。通过对经济互动建模，网络分析可以更好地解释特定的经济现象。网络理论的应用能够丰富我们对金融体系的理解。第一，通过研究以下问题阐述了系统性问题：一是金融网络受到金融传染冲击时的稳健性问题或者免疫力问题；二是在受到金融传染冲击时，金融机构之间如何建立关联。尽管预期上认为银行间的关联越多越能增加风险传染，但是 Allen 等人的研究表明，具有完全连接的银行体系比不完全连接的金融体系更不容易受到传染。第二，如何用网络理论解释2007 年 8 月后出现的银行间市场的冻结。第三，检验了社会网络如何提高投资决策与公司治理。第四，审视了网络主要证券发行或定期债务与股票发行中的分配作用。第五，网络的相互监督作用，如在小微金融中的监督作用。

2.1　引言

2007 年 8 月爆发的金融市场海啸再次揭示了金融系统的互联性与复杂

性。随着危机的持续，人们清楚地认识到，如此复杂的系统其结果是很难预测的。初始的次贷危机迅速传染至全球的债券市场。随着市场的深陷，投资者的风险偏好下降。银行变得不那么愿意借钱了。银行间借贷利率开始上升，不久短期借贷市场枯竭。信贷危机最终引发了英国抵押贷款机构北岩银行（Northern Rock）的挤兑，这在英国过去140多年和西欧过去15年从未出现过。

金融世界的关联性不断变化。金融机构之间的相依性来自其资产负债表的资产端与负债端。例如，基于银行间市场形成的共同风险敞口构成了银行间直接关联，而银行持有相似的投资组合，所有由此导致的风险敞口成为银行间接关系的重要渠道。当各银行具有大量相同的储蓄客户时，通过资产负债表债务端形成了银行间关联。

金融机构关联结构的复杂性本质上可通过金融体系的网络表示进行捕捉。考虑实体部门的金融体系网络结构可以丰富和完善现有研究。网络的一般定义非常直观，即节点及节点之间连接的集合。节点的含义非常普通，可以是个体、公司或国家，甚至是以上实体的集合。两个节点间的连接代表着节点间的直接关系。例如，社会网络中的朋友关系，国家网络中的自贸协定或国家防御条约。在金融体系中，节点是指金融机构，而金融机构间的连接是基于银行间市场形成的银行间共同风险敞口，银行持有相似的投资组合或共享相同的存款客户都会产生资产端或负债端的共同风险敞口。在本章，我们认为，网络理论可以提供一个概念框架，在该框架内，不同的连接类型均可以进行描述与分析。

金融系统的网络方法对于评估金融系统稳定性尤其重要，并且有利于捕捉和了解单一金融机构风险对整个金融系统可能形成的外部性。更好地理解网络外部性对基于宏观审慎框架实施金融监管具有重要意义。基于网络视角对单个金融机构进行监督，将产生于网络相依的脆弱性考虑进来，有利于阻止局部危机演化为全球性危机。

一般情况下，网络分析有助于解决两类问题：网络结构的效应与网络形成的过程。前者与社会效率有关,后者强调了社会预期的结果与个体自利行为所导致的结果之间的张力。第一类有关网络效应的问题研究发生于固定网络的过程。例如,我们可以研究金融网络结构如何影响银行系统应对金融传染的响应方式。我们的研究表明,不仅网络结构会对冲击的传播作出不同的响应,而且网络系统的脆弱性依赖于首先受到冲击的机构的网络位置。同时,金融业机构也可以通过将金融网络中的无连接部分连接起来获得显著的收益优势。因此,一定的网络结构可以为处于桥接位置的金融机构提供额外的益处。网络结构也可以为风险共担协议的执行提供有效的互相监督,如小微金融。第二类关于网络形成的问题,重点研究金融机构网络如何会形成连接。如果能够弄清楚银行或其他金融机构在受到外部冲击时,如何会建立起自身间的联系,对于研究金融风险在各机构间的传播与演化过程具有十分重要的意义。如果理解了金融机构在受到风险传染时如何形成连接,则会对系统性风险问题产生新的视角。风险共担可能是驱动金融机构建立关联的重要驱动力。此外,网络形成理论有助于解释银行间市场的冻结(2007 年 8 月以来)。当银行间市场的借贷风险非常高时,建立连接所带来的成本远远高于所带来的收益。因此,任意两家银行将都不愿意建立连接。

2.2 网络理论在经济领域的应用

网络理论被广泛应用于多种经济情景中,可以通过若干例子阐释网络理论的应用范围:劳动力市场、买方—卖方网络、产品采用等。例如,网络理论解释了劳动力市场中雇员与雇主间的不完美匹配。劳动力市场中最为重要的两类信息分别是职位空缺信息以及工人的能力信息。有证据表明,工人有 50% 通过其关联关系获得职位(Rees, 1966;Granovetter, 1995;Montgomery, 1991)。此外,有 40% 至 50% 的雇主利用其现有员工的社会网络填补其岗位空白(Holzer, 1987)。这激起了学术界对社会网络对就业、工资不平等、劳动市场转移及社会福利影响的系统研究（Calvó - Armengol 和 Jackson，2004，2006；Arrow 和 Borzekowski，2003；Ioannides 和 Soetevent，2006）。

除了劳动力市场，学者们广泛研究了市场网络的作用。标准的阿罗—德布鲁模型假设中，代理人在集中市场中匿名互动，而价格的形成建立在代理人的独立决策上。另一种观点则认为，市场不是集中的，而是由复杂的双边交易结构及关系构成。一种空间 flavor 被引入以激活为什么代理人并不与其他所有代理人进行同时互动，而是只与网络中的邻居互动（Durlauf，1996；Ellison，1993；Benabou，1993，1996）。Corominas - Bosch（2004）提出了一个买卖双方竞价模型，买卖双方由外生给定的网络相连接。当且仅当买卖双方存在连接时，交易才能完成，但是如果其中一方具有多个连接，则交易的若干可能性成为可能。因此，网络结构在根本上决定着买卖双方的竞价能力。相似地，Kranton 和 Minehart（2001）审视了买卖方网络的形成。买方对商品的估值是随机的且价格的决定通过拍卖而不是讨价还价。最近，Gale 和 Kariv（2007）基于实验手段研究了买卖双方间中介对网络的效应。在其设计中，交易者处于不完全网络中。尽管这代表了潜在的摩擦源，他们发现交易仍然是有效率的，且价格会快速收敛到均衡价格。

风险共担网络的相关研究受到经验上的不规范性驱动。理论上，风险共担机制应当保证个人消费与总消费正相关且不受收入冲击的影响。但是，由于信息不对称与道德风险，风险共担机制主要建立在契约的可执行性基础上，由最短距离表示，而不是收入风险的分散。此外，一些实证研究指出，现有的人际关系网络改变着风险共担协议网络的形成（Fafchamps 和 Lund，2003；De Weerdt，2004；Fafchamps 和 Gubert，2006）。但是只有少数论文对此进行了理论研究。Bloch 等（2006）研究了双边保险方案在什么样的网络结构下能够自我执行。其基本思想是网络连接起着两种作用：第一种作用是网络连接具有保险作用，像承诺转让；第二种作用是辅助监督，如信息承诺。后者允许脱离保险计划的个人免受惩罚。保险计划能够自我实现的网络要么紧密相连，要么紧缩连通，要么稀疏连通，而中等连通中的个体更有可能脱离。

相反，Bramoulle 和 Kranton（2007c）研究了风险共担网络的形成。当收入冲击为独立分布时，有效的网络（间接的）将所有个体连通并涵盖所有保险。尽管如此，均衡网络连通更少的个体，产生非对称风险共担结果。此后，Bramoulle 和 Kranton（2007b）研究了社区风险共担。当代理人面对异质性社区层面冲击时，遍布社区的网络要比连通村子内部代理人的网络产生更高的福利。

利用网络理论特别适合于分析扩散与产品采用。Katz 和 Shapiro（Katz 和 Shapiro，1994；Economides，1996 for Surveys）的研究工作捕捉了社会压力严峻且个人只关心总体均值的情景。最近，学术界在扩散过程上的研究取得显著进步，包括显性社会网络结果（Galeotti 和 Goyal，2007；Golub 和 Jackson，2007；Lopez - Pintado，2007；Lopez - Pintado 和 Watts，2007）。网络分析也为重视审视研发网络（Goyal 和 Moraga - Gonzales，2001；Goyal 等，2004）、贸易协定（Furusawa 和 Konishi，2005）提供了重要视角。

2.3 网络理论在金融领域的应用

对经济网络的研究为网络分析应用于金融系统提供了新的视角。尽管看上去有很多研究将网络分析应用于金融系统，关于金融网络的研究仍然处于起步阶段。大量现有金融网络研究多集中于金融稳定与传染。此外，大量现有研究对网络效应的关注重于对网络形成的关注。本书主要分析不同的金融网络结构如何对单一银行的破产作出响应，进而识别什么样的结构更脆弱。本部分考虑网络理论是否可以用于理解银行间冻结、社会网络在投资决策与公司治理中的作用、如何将网络理论用于分析投资银行。此外，进一步审视网络如何帮助理解小微金融及其他类型的网络关系。

2.3.1　传染

银行间连通性越强，风险传染的可能性越低。尽管在预期上，银行系统的连通性越强，传染的风险会越大。但是，研究表明冲击可能具有复杂效应。银行间连通性集合越完全，银行系统内传染风险越低。

关于风险传染的文献采用两种方法：检验直接连通与间接资产负债表连通。对于基于直接连通的传染效应，Allen 和 Gale（2000）研究了当银行的连通具有不同的网络结构时，银行系统如何对传染作出响应。在消费者具有 Diamond 和 Dybvig（1983）流动性偏好时（随机流动性需求），银行更偏好于交换银行间储蓄以防范流动性冲击。但是，建立在交换存款基础上的连通使得系统具有了传染性。作者研究表明，非完全网络要比完全网络更具有传染性。由于一个银行的损失可以通过银行间协议转换为多个银行的损失，更有利于风险的分散，因此连通性质越好的网络具有更好的稳健性与活力。为了支持该观点，作者举了一个例子，在该例子中一个银行的失灵触发了整个银行系统的失灵。他们证明的结果是，对于给定的同组参数，完全连通的网络要比不完全连通的网络更具有活力与稳健性。

此后的研究尽管使用了经典模型，也对单个银行风险所产生的网络外部性进行了很好的诠释。Freixas 等（2000）考虑了消费者面临不确定性时从银行提取现金而导致的流动性冲击。在该模型中，银行间的连通通过银行间信贷线实现，信贷线使得银行能够对冲区域性流动性冲击。与 Allen 和 Gale 的研究相似，更多的银行间连通强化了银行系统应对个别银行违约的稳健性。缺点是这会降低关闭效率低下银行的激励。此外，作者还发现，银行系统的稳定性取决于选择消费的许多消费者所在地的银行是否是货币中心。

出于对最佳金融网络的关注，Leitner（2005）构建了一个模型，该模型中的代理人投资项目是否成功取决于与其连通的投资人的投资。由于捐赠随机分布于代理人中，代理人可能对于必要投资不具有足够的资金。因此，代理人可能会愿意对其他代理人进行担保以防止整个网络的瘫痪。作者对最优金融网络的设计进行了检验，最小化了风险共担与瘫痪可能性之间的权衡。Vivier – Lirimont（2004）从不同的视角阐释了最优金融网络问题：通过银行间交换提高储户效用的网络架构。研究发现，只有密度非常高的网络才与帕累托最优配置兼容。Dasgupta（2004）也检验了通过交叉持有储蓄形成连通的银行如何会成为倒闭传染源。该研究表明，银行储户在接收到私下的信息时，往往会从银行提取流动性，因为储户认为其他大量的储户也会如此。为了消除多重均衡，作者借鉴了全局博弈的概念。依据银行的基本价值，隔离出一个特有的均衡。尽管该研究只分析了两家银行，但是对于扩展到多个银行的情况具有非常大的启发性。

2.3.2　间接连通对传染的影响

现有文献对间接连通对传染的影响进行了研究。这些研究一致认为，金融系统天生具有脆弱性。金融体系的脆弱性不仅来自宏观经济风险因子所触发的外生风险敞口，而且会通过强制性抛售发生内生演化，这进一步导致金融机构更大的萧条。

Lagunoff 和 Schreft（2001）构建了一个模型，该模型中代理人投资组合的收益取决于其他代理人投资组合的配置，从而建立了代理人之间的连接。在该模型中，受到冲击的代理人将重新配置其资产，从而中断了某些连接。这可能会导致两种类型的金融危机：一种是随着损失的蔓延，节点之间的连通中断越来越多，危机逐渐发生。另一种是当前瞻性代理人为避免未来损失事前将资产转换为更安全的组合时，危机将立即发生。相似地，De Vries（2005）认为由于资产肥尾分布特征的存在，各银行的投资组合之间存在相依性，且这种相依性为系统性风险的发生埋下了隐患。Cifuentes 等（2005）所提出的模型中，各金融机构由于持有相同的投资组合建立了连通。由于各金融机构持有相同的资产，该网络为完全网络。尽管作者在模型中考虑了共同信贷敞口建立的直接关联，传染主要受资产价格变化驱动。

2.3.3　网络的形成

Babus（2007）提出了一个模型，该模型中银行之间相互连通，直到通过保险机制以降低传染风险。关联的形成过程与 Allen 和 Gale（2000）相似，连通性越好的公司越能更好地抵御风险传染。模型中存在连通门槛，超越该门槛，不会发生传染，并且银行会尽力构建连通达到该门槛。但是，一种隐性成本阻止了银行建立连通门槛所要求的更多连通。银行往往与很少发生传染的节点建立连通。Castiglionesi 和 Navarro（2007）也对分散的银行网络感兴趣，从社会计划者视角来看，这样的网络是最优的。在银行投资是为了储户利益以及存在投资收益的正网络外部性的情况下，当银行资本不足时，储户存钱像是赌博，银行的脆弱性上升。当破产概率较低时，分散式网络成为化解的最好办法。

除了理论分析之外，对各国银行系统进行的实证研究主要为证明金融机构因相互索赔而导致传染性失灵寻找证据。大多数研究利用资产负债表信息估计不同银行系统的双边信贷关系。在此之后，部分研究开始模拟单个银行破产后整个银行系统的稳定性。Upper 和 Worms（2004）对德国银行系统进行了分析。Sheldon 和 Maurer（1988）对瑞士银行系统进行了分析。Cocco 等（2005）提供了葡萄牙银行间市场存在借贷关系的证据。Furfine（2003）研究了美国银行间关联性，Well（2004）则重点关注了英国银行间市场。Boss 等（2004）对澳大利亚银行间市场结构进行了探究，并分析了银行网络中某银行消失后的稳定性问题。同样地，Degryse 和 Nguyen（2007）评估了比利时银行间市场中发生链式失灵的风险。以上研究表明，即便是遭遇较大的冲击，银行系统仍表现出较强的免疫性与抵御性。对比利时银行间市场的模拟结果表明，最差的情况是资产负债表资产占总资产低于5%的银行将受到传染的影响，而德国银行系统中，单一银行的破产使银行部门的损失高达总资产的15%。

以上实证结果高度依赖于如何估计银行间的连通性，即银行间信贷敞口（Upper，2006）。对于多数国家而言，数据提取自银行的资产负债表，该表提供了关于银行与其他银行间共同敞口的相关信息。为了估计银行与银行之间的敞口，往往假设银行会平均分配其贷款（即最大熵法）。实际上，该假设要求银行之间的连接为完全连接，即银行系统为完全网络。根据现有结果，即连接越完全的网络越能抵御外部冲击，因此以上假设会使结果存在偏误。Mistrulli（2007）对此进行了确认，该文章利用实际敞口数据分析了风险如何在意大利银行间传播。该研究也使用最大熵法对同一数据集进行实证研究，结果发现，最大熵法往往会低估风险的传染程度。

还有一部分研究检验了某种具体的银行失灵对银行系统的影响。Iyer 和 Peydro – Alcalde（2007）利用印度大银行失灵期间的银行间敞口数据对金融传染进行了实证研究。该研究所用的数据包括银行与破产银行间的敞口数据以及银行与破产银行间的连通信息。结果表明，与破产银行具有更高敞口的银行将发生更严重的存款挤兑，并且基本面越弱的银行，敞口对其存款流失的影响越大。

2007 年 8 月发生的次贷危机及此后的国际金融危机的一个重要特征是，许多银行资产的低信贷质量，而且这些资产原来被认为是高质量的。很多研究将此归咎于评级机构。但是，从上述的网络角度来看，在一个复杂的、相互关联的系统中进行信用分析是非常困难的。当一系列的债权之间存在联系时，判断最终的信贷质量将变得非常困难。

2.3.4 银行间市场冻结

尽管许多学者花费很多精力分析银行间市场可能的传染形式，但是 2007 年 8 月开始的危机，其传染形式出乎意料。银行间市场直接枯竭。尽管利率非常高，超过了央行确定的范围，许多机构仍然无法获得短期资金。因此，一个重要的问题是现有传染理论是否只可以进行调整以解释这种现象，或者需要发展新理论。

Freixas 等（2000）考虑了由于支付系统失灵导致的金融系统瘫痪。通过对不同市场结构进行分析发现，尽管实施信贷限额的金融系统能够降低流动性持有成本，但是这样的设计使得银行系统在银行具有支付能力的情况下容易瘫痪。但是，2007 年的次贷危机期间，支付系统运转顺利，本来应该是能够保证资金的平稳流动的。这就出现了次贷危机期间全球支付系统运转良好但是银行间市场冻结的现象。因此，需要其他理论来解释银行间市场冻结这一现象。

网络形成博弈为理解市场冻结提供了一种框架（Babus，2007），在该框架中，空网络作为一种均衡出现。在该模型中，内生形成的网络运转良好并且效率较高。但是，将摩擦放入模型后，一种可能的情况是，一个较小的外生性风险变化可能导致代理人退出该网络，从而对整个系统产生重要影响。这可能有助于解释以上现象。

在社会网络的研究中，Mobius 和 Szeidl（2007）提出了一个借贷模型，模型中个体之间的关系被用于社会担保。研究发现，与网络有连通的个体能够借到的最大额度最多等于该节点与网络连接价值的最小值。尽管该模型强调社会网络中的信任，但是可用于描述银行间市场的互动行为。在银行间市场中，表征银行间贷款的连接随着时间的变化而变化[①]。当前银行间的网络关联有可能成为未来银行网络关联的抵押物。在该环境下，抵押物价值的下降可能会为未来连通的形成带来负影响。因此，一个较小的扰动会导致整个网络系统借贷活动的显著下降。

2.4 社会网络与投资决策

社会关系对投资决策的影响是最近兴起的一类研究。Cohen 等（2007）使用社会网络识别了证券市场中的信息交换。他们把基金经理与董事会成

[①] 我国银行业竞争结构的变化与银行自身业务创新与调整密切联系，银行间的关联是否也会发生变化？会发生什么样的变化？这种变化会如何影响整个银行系统的稳定性及脆弱性？是急需研究的问题。

员间共同的教育背景作为联系，来表征社会网络。研究发现，基金经理人对与其存在社会联系的公司施加更大的投资比重，并且对这些资产的动作要显著优于没有社会关联的投资。这表明，社会网络关系可能是信息流入资产价格的一种重要机制。尽管如此，仍然不清晰的是，是否存在网络外部性。换句话说，目前还不太清晰信息流动会经历多少节点以及信息流动是否会影响 2 个以上的连接。Hochberg 等（2007）对风险投资公司进行了研究，这些风险投资公司通过对被投资公司的组合投资建立联系。结果表明，连通越好的风投公司的投资业绩越好，投资业绩用通过 IPO 成功退出的比例来表示。这意味着风投公司的网络位置应当成为当前 VC 的重要战略考量，这会成为新 VC 进入的潜在障碍。

另一类相关研究围绕公司治理展开。Nguyen – Dang（2007）研究了 CEO 与董事会间的社会关联以及董事会监督效应的影响。研究表明，CEO 是否对较差的业绩更不承担责任依赖于其在社会网络中的位置。为刻画社会网络，作者采用了 CEO 的教育背景数据。该研究还采用了互兼董事作为社会网络的代理变量，研究发现，当董事与 CEO 同属相同的社会圈子时，CEO 受到双重保护。在 CEO 被强制离职后，CEO 因为业绩差而受到惩罚的可能性较小且找到新的较好工作的可能性更大。在后续的研究中，Kramarz 和 Thesmar（2007）的研究与以上相似，结果表明，社会网络对董事会构成具有非常强的影响，并且会对公司治理产生致命的影响。Braggion（2008）将共济会纲领的签署作为公司经理人社会网络的代理变量。研究发现，社会网络有助于缓解债务融资面临困境的公司的借贷双方的代理问题。但是，在由共济会管理的大型公开上市公司中，社会关系导致了管理者和股东之间的代理冲突，并使经济业绩恶化。

在相关研究中，Gaspar 和 Massa（2007）研究发现，公司内部门经理与 CEO 间的个人关系增强了经理人的讨价还价能力，并降低了组织内决策的有效性。进一步研究发现，董事社会关系越广的公司或公司的联系中有社会关系较广的董事，往往具有较弱的公司治理。尤其是，公司董事连接性越强的公司，其 CEO 薪水越高，且 CEO 薪酬对公司业绩的敏感性较低，业绩差的公司的 CEO 被解雇的可能性较低（Barnea 和 Guedj，2007）。相似地，在共同基金行业，董事会往往会雇佣有过合作经历的咨询公司，并且在创立新基金时，咨询公司往往为与其合作过的董事提供董事席位（Kuhnen，2007）。

Pistor（2007）提供了更为综合的研究。从全球视角下研究金融系统。她认为，网络—金融是一个重要的制度安排，这种安排融合了各种不同特征的治理体系，并且当面临较大的融资选择不确定性时会产生创新。

2.5　投资银行与网络

大量的文献在关注商业银行出现的同时，几乎很少有文献解释投资银行的存在。Morrison 和 Wilhelm（2007）的研究表明，投资银行存在的原因在于创建网络。研究者认为，投资银行的主要作用是发行和承销证券。这要求投资银行发展两个网络。第一个网络是信息网络，该网络允许其获取证券发行需求方面的信息，该网络包括大型投资者如养老基金及保险公司等。当投资银行尝试销售证券时，信息网络有助于投资银行获得投资者的意愿支付价格，有助于公平定价。第二个网络是流动性网络，投资银行需要流性网络提供证券购买资金。流动性网络与信息网络可能会存在交叠。这些网络得到了平均低价补偿。Morrison 和 Wilhelm（2007）认为，信任与信誉对于网络功能的实现至关重要。契约技术不足以提供正确的激励。

Schnabel 和 Skin（2004）记录了欧洲 18 世纪某地区积累的资本如何被投资于其他遥远的地方。例如，阿姆斯特丹银行与汉堡银行关联，而汉堡银行与柏林银行相连。以上关联允许阿姆斯特丹的储蓄投资到柏林等地区。此时，网络在某种程度上降低了因为距离产生的信息不对称程度。

以上描述的正式网络理论还没有在投资银行研究中广泛应用。这是一个存在很多现象但是只能被理解一小部分的重要且有趣的领域，如新发行证券的长期较差业绩。网络理论提供了解释以上现象的方法，并且也为分析监管的规范模型提供了基础。

2.6　小微金融

小微金融已经成为发展中国家人民降低风险的重要方式。发展中国家的家庭经常面临着不可预测的收入流量与支出。与健康、天气、农作物虫害及工作机会相关的不确定性导致收入的较大变异。医药费和丧葬费是一笔巨大的开支，并非总能预见（Coudourl 等，2002）。小微金融有助于平滑由于收入冲击导致的消费支出。

社会互动行为对小微金融的成功起到了重要作用。例如，在印度，自助组（Self Help Groups，SHGs）构成了小微金融基本组成单位。一个 SHGs 由 5～20 人构成，往往由不同家庭的贫困妇女组成。小组成员将各自的储蓄放入资金池，并将资金池存入银行。在银行观察到该资金积累了一段时间后，银行将向自助组贷款，而不用进行抵押。当然，银行依赖小组成员间的同行压力与自我监督保证贷款被偿还①。

小微金融在发展中国家的成功可归结为两个方面：第一，基于小微金融条款发放的借款的违约率显著下降；第二，为加强合作而在小微金融集团内部实施的集团制裁。换句话说，社会网络有助于该金融网络的运行。

尽管 Grameen 银行广为人知，但是正式的小微信贷市场是最近发展中国家的创新。当信贷获得受到限制时，大量的证据表明，风险共担会通过非正式的双边协议产生。

虽然小微金融多依赖于本地的人际关系网络，但是该网络也有其弱点。小组模式如 SHGs 往往受到"搭便车"及道德风险问题的困扰。这些问题以

---

① 社会借贷在发达国家也非常普遍。P2P 借贷市场为借款人提供比常规市场更便宜的信贷。相似地，朋友的认可有助于资金出借方对具体的借款人进行风险判断，从而能够更好地评估风险。

及协议欠缺可执行性成为有效分散风险的主要障碍（Udry，1994）。无效性产生于小微金融的收益与可能存在的风险之间的权衡。

2.7　方法

网络理论主要来自两种方法。一种方法扎根于网络经济学，基于微观视角审视代理人行为如何受到激励驱动；另一种方法则为数学方法，使用各种随机程序，主要来自统计物理文献，并融合了社会学与生物学。下面将对两种方法进行讨论，理解各自的优势与劣势。

网络的经济建模，就像一般的经济建模一样，所采用的方法应当能够解释理性主体的选择。网络理论研究的重点是网络的形成模型。代理人通过权衡连接的成本和收益来选择与谁互动并建立连接。一个关键的假设是，代理人如何从其他代理人获益取决于各自在网络中的相对位置。因此，不同参与者之间的外部性依赖于网络。根据个人所带来的利益，可以通过网络形成博弈来模拟个体之间的关系。

过去十多年中，各种均衡概念被提出，并进行双边连接形成的分析，在该网络中，各节点完全意识到其所属网络的形状以及能从该网络中获得的收益①。双边连接的形成要求双方必须同意才能形成，这为网络的形成提出了难题。因此，非合作概念如纳值均衡并不适用于解决网络形成博弈。Jackson 和 Wolinski（1996）提出了更为简单的见解，即直接观察稳定的网络。根据该做法，一个 Pairwise Stable 网络的充分条件是：第一，如果两个个体之间的连接缺失的话，两个个体均不能从网络连接的形成中获得收益；第二，如果网络中的两个节点间存在连接，则删除该连接后，该连接的任意一个节点均不能严格地从网络中获得收益。现有文献对以上概念进行了

---

① Jackson（2004）对网络形成进行了详细的综述，而 Bloch 和 Jackson（2007）则对稳定性与均衡进行了综合性术语综述。

多种尝试与研究，区别在于代理人能够同时管理的关系的数量。例如，Gilles 和 Sarangi（2006）认为，网络中的个体可以同时更改多种关系，而 Goyal 和 Vega – Redondo（2007）的研究更进了一步，即允许成对的个体就如何更改关系进行协调。

Bloch 和 Jackson（2007）提出了另一种连接博弈，参与人可以根据其建议的连接提供或要求交易，允许参与人补贴特定网络连接的形成。对于不需要同意的情况，代理人可以单方面构建新的关系，Bala 和 Goyal（2000）回到了纳什均衡的框架。

现有文献进一步超出了静态均衡方法以研究动态过程，从而考虑了网络的时变性（Jackson 和 Watts，2002；Dutta 等，2005；Page 等，2005；Mauleon 和 Vannetelbosch，2004）。在该类模型中，参与人出于对能否增加收益的短期考虑而增加或减少关联。

除了网络形成博弈外，许多模型研究了网络中的行为。这些研究认为，个体之间的连接模式显著影响着个体的选择。这些研究利用博弈论方法测度一个个体从某种行动中的获准如何取决于与其关联的其他个体的选择。在该环境下，我们可以研究网络中的学习机制问题（Bala 和 Goyal，1998，2001）、网络结构对信念的影响机制问题（Gale 和 Kariv，2003；Choi，Gale 和 Kariv，2005）、公共品投资如何受网络影响（Bramoulle 和 Kranton，2007）。Galeotti 等（2007）提出了一种分析考虑相邻结构时的策略性互动理论框架。

非经济类文献中的网络建模始于不同的假设。实证研究揭示了一系列描述真实世界网络的共同特征。例如，万维网、电影演员网络、决定细胞物理与生物特征的代谢网络等，看上去均呈现相同的特征：小世界特征、不均匀度分布以及高度聚类[①]。小世界特征意味着社会网络中各节点之间的平均最短距离往往非常小。网络中节点之间的最大距离也比较小。网络中

---

① Newman（2003）对复杂网络的特征进行了详细的综述。

各节点具有的连接数非常不均等。例如，每个节点所具有的连接数分布服从幂律分布，即网络中节点与其他节点互动的概率呈幂律衰减。这表明，只有很少的节点拥有大量的连接，而大量的节点只有很少的连接。聚类系数测度的是各节点具有共同相邻连接点的趋势。社会网络中的聚类水平要远远高于随机网络的聚类系数。

由于以上网络特征在复杂的生物、社会、工程系统网络中普遍存在，大量的研究聚焦于网络的形成与出现。例如，Watts 和 Strogatz（1998）从对称网络开始对某些连接进行随机再造。如此产生的网络具有小世界特征与高度集聚性。在 Price（1976）及 Barabasi 和 Albert（1999）构建的网络中，新节点与现有节点建立连接的概率与现有节点的连接数量成比例。

其他关于网络效应的模型研究了物理传播或感染的传递以及直接或偶然传递行为，而不是通过某些升级或优化程序。标准的传播模型来自流行病学文献，这些文献侧重于传染病毒的传播。

这些技术可用于分析和描述金融系统。例如，银行间市场的互动行为建模应当考虑到，金融机构之间的连接主要形成于短期资金拆借。金融机构有机会每日重新思考其连接的事实可以构建网络形成的动态博弈模型。另外，证券市场中的连接建立在投资银行与投资者之间的非正式协议基础上。尽管没有约束，这意味着投资者愿意提供必要的流动性而投资银行要以收益回报投资者。这种情况用静态博弈网络形成模型建模最好。考虑到连接互动的重复性以及通过这些连接获得的未来贴现价值，金融机构会立即建立连接。关于网络的博弈论模型有助于理解银行如何决定其与其他银行的共同敞口。其他非经济文献发展的技术更适合于研究金融系统的复杂过程。

以上两种方法哪种更适合于对金融网络进行建模取决于金融机构是否进行策略性互动行为。博弈论分析要求参与者知道其参与的游戏。换句话说，参与人要清楚其所处的网络形状并清楚网络对其收益的影响。来自物理学与数学文献的机制分析只能提供因果视角。例如，借鉴流行病学文献中有关病毒扩散的网络模型研究银行系统的传染，要求作出限制性约束：传染同时发生且银行没有时间应对与反应。

2.8　小结

金融系统是一种网络，并且这个网络变得日益复杂，连接更加紧密。在本章，笔者阐述了"网络分析对理解金融中的许多现象具有极重要的作用"的观点。当前，该方法的应用仅限于分析银行间市场的传染行为。许多最近的研究关注不同社会情境下社会网络的效应分析，包括投资与公司治理。我们清晰地看到，网络分析对于理解投资银行与小微金融同样非常重要。本书探索的另一个问题是金融机构如何利用其中介的位置。金融机构作为桥接其他非连接部分的中介可能具有显著的收益优势。因此，金融网络将受到激励而改变，这些激励驱动着金融机构获取中介收益。这些只是未来金融网络分析中的部分课题。

此外，次贷危机事件让我们清醒地认识到，需要在该领域进行大量的实证研究。绘制金融机构之间的网络关系是理解现代金融系统的第一步。网络视角不仅解释金融部门内的各种连接以及金融机构与其他部门之间的连接，也能分析这些连接的质量。我们需要进行这些工作指导新理论的提出与发展，从而帮助我们理解美国次贷危机事件，同时有助于设计能够更好满足和应对日益复杂金融网络的监管。

第 3 章　基于 CPI 网络连通性的消费者价格指数感知偏差研究

3.1　引言

消费者价格指数（CPI）是各国宏观经济走势的重要监测与评价指标，是各国货币当局制定、执行、调整货币政策的重要依据，部分发达国家甚至将 CPI 通货膨胀作为货币政策的盯住目标。对于投资者而言，CPI 的走势不仅预示着未来的经济走势与投资机会，还对于投资者的估值与投资策略的调整具有重要影响。对于消费者而言，CPI 的走势直接影响着消费者的信心与经济展望。但是，无论对于货币当局，还是对于投资者、消费者等市场主体而言，CPI 的披露都具有一定的滞后性，从而在指导政策微调、影响消费者与投资者未来预期方面表现出明显缺陷。在有限信息及信息搜索成本较高的情况下，市场参与者对 CPI 的感知与经验判断就成为重要的 CPI 获得途径。大量的调查研究表明，多数市场参与者对 CPI 的感知与国家权威部门对 CPI 的披露存在较大分歧（许坤等，2019；陈学彬等，2012；曾五一和王开研，2014）。CPI 感知偏误使得国家的宏观经济调控政策备受掣肘，影响了市场主体对国家政策的满意度及经济前景的判断，提高了国家治理的成本。因此，对 CPI 感知偏误的深层次原因剖析显得至关重要。

现有学者对 CPI 感知偏误的原因进行初步分析。许坤等（2019）认为，在 CPI 统计抽样与权重不变的情况下，结构性通胀与居民的物价感知之间的偏差是主要原因。那么，如何对我国居民的 CPI 认知偏差进行定量测度呢？如何识别 CPI 认知偏差主要是由哪种"结构"导致的呢？这里运用 DY 网络框架进行实证分析。

3.2　CPI 结构、CPI 感知偏差与测度方法

3.2.1　CPI 结构

目前我国 CPI 指数包含八大类商品及服务，分别是食品类、烟酒及用品类、衣着类、家庭设备类、医疗保健类、交通通信类、娱乐教育类、居住类等。CPI 各子指数的基期与权重每五年调整一次。CPI 中各类商品和服务的价格指数权重分别于 2000 年、2005 年、2010 年以及 2015 年进行调整，2001 年、2006 年、2011 年和 2016 年分别采用新的权重核算 CPI，2020 年将进入新一轮的 CPI 分类价格指数权重调整期。以 2011 年为例，食品权重为 31.79%、烟酒及用品的权重为 3.49%、居住类权重为 17.22%、交通通信类权重为 9.95%、医疗保健类权重为 9.64%、衣着类权重为 8.52%、家庭设备类权重为 5.64%、娱乐教育类权重为 13.75%。

3.2.2　CPI 感知偏差

市场主体对 CPI 的预期、判断与国家权威部门发布的结果不一致时称为 CPI 感知偏差。国内为数不多的研究对 CPI 感知偏差的原因进行了分析（许坤等，2019）。一个基本的逻辑为：当 CPI 各子指数（八大类消费品价格指数）的上涨或下跌幅度相同时，即不同类别消费品同涨或同跌时，CPI 的实际走势与各子指数的走势则趋同，不同类型的市场主体对 CPI 及各子指数的感知与国家公布的数据则趋同，此时就不存在 CPI 感知偏差。该逻辑的一个基本前提是，各类消费品的价格对收入、需求等各种潜在影响因素的弹性

是相同的, 即各类消费品指数间存在非常强的网络连接度 (network connect-edness)。从网络科学的视角看, 作为网络节点的各类消费品, 如果其中某个节点 (某类消费品) 的价格变化能够 100% 地传递给其他七类商品, 即完全的价格传递, 此时表明存在完全的网络连通性, 各子指数的变化与 CPI 的变化趋同。各类消费者或市场参与者对 CPI 的感知与权威部门所发布的数据不会存在系统性的偏误。相反, 当各节点之间的连通较弱, 某类商品 (如食品类) 受到某种冲击出现较大的价格变化时, 这种价格变化不能迅速地、完全地传递给其他节点 (商品类), 广大消费者尤其是收入水平较低的消费者则会感受到物价水平的明显上涨。但是, 食品类商品价格的上涨被赋予某个权重 (小于 1), 计入总体的 CPI 后, CPI 总体的上涨程度要低于消费类商品的上涨程度, 从而使消费者产生了感知偏差。可见, 消费者的认知偏差既与消费者自身的认知、统计局抽样调查方案、各子指数权重的确定有关, 更与不同类别商品价格指数间的网络连接度 (或网络连通性) 有关。CPI 各子指数间的网络连通度越高, 市场主体的感知偏差越低, 反之则反。据此, 我们可以通过测度各子指数间的网络连通性对市场主体的 CPI 感知偏差进行定量刻画。

3.2.3　基于 DY 网络的 CPI 网络连通性测度方法

近年来, 网络科学在经济金融领域得到广泛应用, 其中 Diebold 和 Yilmaz (2009, 2012, 2014) 利用 VAR 模型及方差分解方法测算网络中各节点间的连通性的做法 (以下简称 DY 框架), 成为这一领域的重要示范者。由于我国 CPI 的测算基于 8 类消费品, 这里以 8 类消费品作为节点, 构建 N = 8 的网络。设其 p 阶向量自回归模型 VAR (p) 如下:

$$X_t = \sum_{i=1}^{p} \Phi_i X_{t-i} + \varepsilon_t, \quad \varepsilon_t \sim N(0, \textstyle\sum) \tag{3.1}$$

上式的移动平均表达式为

$$X_t = \sum_{i=1}^{\infty} A_i \varepsilon_{t-i} \tag{3.2}$$

其中，A_i 为 $N \times N$ 系数矩阵，其表达式如下：

$$A_i = \Phi_1 A_{i-1} + \Phi_2 A_{i-2} + \cdots + \Phi_p A_{i-p} \qquad (3.3)$$

其中，A_0 为 $N \times N$ 单位阵，且对于 $i < 0$ 有 $A_i = 0$。

基于乔斯利基因子分解的标准方差分解结果受到 VAR 模型中 N 个变量的排序影响，这对于有向网络的研究带来挑战，模型结果稳健性下降。基于此，广义 VAR 框架得到发展与应用（Koop，Pesaran 等，1996；Pesaran 和 Shin，1998；Diebold 和 Yilmaz，2012；Diebold 和 Yilmaz，2014）。Diebold 和 Yilmaz（2012）建议采用 Koopman 等（1996）及 Pesaran 和 Shin（1998）提出的广义 VAR 框架，从而使 VAR 方差分解结果不受变量顺序的影响。广义 VAR 方法旨在利用误差的历史观测分布对冲击进行适当的解释，而不是将冲击进行正交化（Diebold 和 Yilmaz，2015）。

3.2.3.1 两两有向连通

变量 j 对变量 i 的 H 步广义预测误差的方差贡献率为

$$H_{ij}^g = \frac{\sigma_{jj}^{-1} \sum_{h=0}^{H} (e'_i A_h \sum e_j)^2}{\sum_{h=0}^{H-1} (e'_i A_h \sum A'_h e_j)^2}, H = 1, 2, \cdots \qquad (3.4)$$

其中，$\sum$ 是 VAR 模型随机扰动项 ε 的方差—协方差矩阵；σ_{jj} 表示 VAR 模型第 j 个方程扰动项的标准误；ε_i 为选择向量，除第 i 个元素为 1 外，其余元素均为 0。Koop 等（1996）的广义 VAR 框架下，H 步预测误差的方差贡献率 H_{ij}^g 之和不再为 1，即

$$\sum_{j=1}^{N} \theta_{ij}^g (H) \neq 1 \qquad (3.5)$$

因此，需要将方差分解矩阵的各元素利用各行元素之和进行标准化：

$$\tilde{\theta}_{ij}^g (H) = \frac{\theta_{ij}^g (H)}{\sum_{j=1}^{N} \theta_{ij}^g (H)} \qquad (3.6)$$

经过以上标准化，新的方差分解矩阵的各行元素之和为 1，矩阵的所有元素之和为 N，即

$$\sum_{j=1}^{N} \tilde{\theta}_{ij}^g (H) = 1, i = 1, 2, \cdots, N \qquad (3.7)$$

$$\sum_{i,j=1}^{N} \tilde{\theta}_{ij}^{g}(H) = N, i,j = 1,2,\cdots,N \tag{3.8}$$

3.2.3.2　To 连通与 From 连通

"From 连通"是指从其他各类商品 j 到第 i 类商品的总连通性，用 $C_{i\leftarrow\cdot}$ 表示，定义如下：

$$C_{i\leftarrow\cdot} = \frac{\sum_{\substack{j=1\\j\neq i}}^{N} \tilde{\theta}_{ij}^{g}}{\sum_{ij=1}^{N} \tilde{\theta}_{ij}^{g}} \times 100 = \frac{\sum_{\substack{j=1\\j\neq i}}^{N} \tilde{\theta}_{ij}^{g}}{N} \times 100 \tag{3.9}$$

形式上，$C_{i\leftarrow\cdot}$ 为第 i 行非主对角线元素之和与矩阵各元素之和 N 的比值。相似地，"To 连通"是指第 i 类商品到其他各类商品的总连通性，用 $C_{\cdot\leftarrow i}$ 表示，定义如下：

$$C_{i\leftarrow\cdot} = \frac{\sum_{\substack{j=1\\j\neq i}}^{N} \tilde{\theta}_{ji}^{g}}{\sum_{i,j=1}^{N} \tilde{\theta}_{ji}^{g}} \times 100 = \frac{\sum_{\substack{j=1\\j\neq i}}^{N} \tilde{\theta}_{ji}^{g}}{N} \times 100 \tag{3.10}$$

3.2.3.3　总连通性

在有向连通测度的基础上，这里进一步探讨总连通性。总连通性为无向连通性，可利用广义方差分解矩阵测算整个 CPI 网络的广义连通性，用 $C(H)$ 表示如下：

$$C(H) = \frac{\sum_{\substack{i,j=1\\j\neq i}}^{N} \tilde{\theta}_{ji}^{g}}{\sum_{i,j=1}^{N} \tilde{\theta}_{ji}^{g}} \times 100 = \frac{\sum_{\substack{i,j=1\\j\neq i}}^{N} \tilde{\theta}_{ji}^{g}}{N} \times 100 \tag{3.11}$$

形式上，$C(H)$ 为广义 VAR 方差分解矩阵非主对角线元素之和与所有元素之和 N 的比值，等于 $C_{\cdot\leftarrow i}$ 与 $C_{i\leftarrow\cdot}$ 之和。

3.2.3.4　基于 Rolling – VAR – Variance Decomposition 方法的时变 CPI 网络连通性测度

这里借鉴 Diebold 和 Yilmaz（2014）做法，对模型（1.1）进行估计，在此基础上对各变量的 H 步预测方差进行分解，将一个变量（i）对另一变量（j）预测方差的贡献份额作为由 i 到 j 的关联测度 $C_{i\leftarrow j}$。据此，可得到基于 VAR 模型的方差分解矩阵 $D = [\theta_{ij}]_{N\times N}$。在此基础上，对方差分解矩的每行与每列求非主对角线元素之和，得到各行之和（某子指数预测方差由其他子指数导致的和 $\sum_{\substack{j=1 \\ j\neq i}}^{N} \theta_{ij}$，from others）及各列之和（某子指数对其他各子指数预测方差的贡献之和 $\sum_{\substack{i=1 \\ i\neq j}}^{N} \theta_{ij}$），将行和与列和合并至方差分解表，得到各子指数的网络关联测度表（见表 3-1）。在此基础上，用列和 *To Others* 加上 *From Others* 得到 CPI 网络系统的总关联度（连通性）。

以上网络关联测度建立在方差分解矩阵基础上，Diebold 和 Yilmaz（2009）采用 VAR 方法，提出了基于预测方差分解的波动关联度测度方法。该方法可用于测度不同节点间的网络连通性。为了测度各节点间网络关联度的时变性，这里采用左侧窗口滚动 VAR 估计（left rolling VAR），得到时变参数与时变预测方差分解矩阵，进而得到时变关联度。关于样本窗口的选择，本书选择 $w=124$ 个月。由于样本为 216 个月，因此，我们能够得到 93 组 VAR 估计结果，最终得到 93 个具有时变特征的 CPI 网络连通测度值。

表 3-1　　基于 H 步预测误差的方差分解—网络关联测度表

	x_1	x_1	...	x_N	From 连通
x_1	θ_{11}	θ_{12}	...	θ_{1N}	$\sum_{j=1}^{N} \theta_{1j}, j\neq 1$
x_2	θ_{21}	θ_{22}	...	θ_{2N}	$\sum_{j=1}^{N} \theta_{2j}, j\neq 2$
$\vdots$	$\vdots$	$\vdots$	$\ddots$	$\vdots$	$\vdots$
x_N	θ_{N1}	θ_{N2}	...	θ_{NN}	$\sum_{j=1}^{N} \theta_{Nj}, j\neq N$
To 连通	$\sum_{i=1}^{N} \theta_{i1}, i\neq 1$	$\sum_{i=1}^{N} \theta_{i2}, i\neq 2$	...	$\sum_{i=1}^{N} \theta_{iN}, i\neq N$	$C=\frac{1}{N}\sum_{\substack{ij=1 \\ i\neq j}}^{N} \theta_{ij}$

3.3　中国 CPI 网络连通性测度实证研究

3.3.1　中国 CPI 及其各子指数的走势分析

考虑到我国 2000 年及以前没有将服务纳入 CPI 统计以及数据可得性问题，这里以 2001 年 1 月至 2019 年 12 月作为研究区间，利用月度 CPI 及各子指数月度数据对 CPI 网络连通性进行实证分析。数据来源为国家统计局月度数据库。图 3 - 1 给出了 2001 年 1 月至 2019 年 12 月 CPI 及各子指数的走势图。其中，CPI 表示消费者价格指数，CPI _ FOOD、CPI _ WINE、CPI _ CLOTHES、CPI _ FAMILY、CPI _ HOSPITAL、CPI _ COMMUNICATION、CPI _ENTERAINMENT、CPI _ HOUSING 分别表示食品类、烟酒类、衣着类、家庭用品、医疗保健类、交通通信类、娱乐教育类、住房类价格子指数。图中最细的线（黑色线）表示 CPI 指数（上年同期为 100）。总体来看，各指数与 CPI 保持着大致相似的走势，食品类指数与 CPI 的相关系数最大，为 0.943，其次为医疗类指数，为 0.766。值得注意的是，娱乐类指数与 CPI、食品、烟酒、家庭类、医疗类指数与 CPI 为负相关（ - 0.249、 - 0.472、 - 0.385、 - 0.284、 - 0.324），且负相关程度较大。娱乐教育与食品的负相关在很大程度上能够解释消费者等市场主体对 CPI 的感知偏差。一方面，食品是每个消费者的刚需，消费者对食品价格的变化最为敏感易知，因此，当食品价格上涨时，消费者容易高估 CPI 的未来走势；另一方面，随着居民收入的提高及文化业竞争程度的上升，文化、娱乐与教育的消费不断上升，但是其价格与消费价格表现出反方向变化，从而降低了整个 CPI 的上升水平。因此，消费者对 CPI 的上升感知程度高于实际的公布数据。从图 3 - 1 也可以看出，食品与住房类的走势高度吻合，且与 CPI 的背离程度较大。由于食品与住房服务是民生大事，这些商品的价格波动更容易使市场主体产生 CPI 感知偏差。

表 3 – 2   相关系数

	CPI	食品	烟酒	衣着	家庭	医疗	交通	娱乐	住房
CPI	1.000	0.943	0.549	0.167	0.514	0.550	0.171	– 0.249	0.766
食品	0.943	1.000	0.565	– 0.048	0.418	0.489	– 0.067	– 0.472	0.654
烟酒	0.549	0.565	1.000	0.291	0.628	0.429	0.253	– 0.385	0.164
衣着	0.167	– 0.048	0.291	1.000	0.613	0.201	0.655	0.182	– 0.011
家庭	0.514	0.418	0.628	0.613	1.000	0.523	0.393	– 0.284	0.201
医疗	0.550	0.489	0.429	0.201	0.523	1.000	– 0.075	– 0.324	0.323
交通	0.171	– 0.067	0.253	0.655	0.393	– 0.075	1.000	0.424	0.177
娱乐	– 0.249	– 0.472	– 0.385	0.182	– 0.284	– 0.324	0.424	1.000	– 0.114
住房	0.766	0.654	0.164	– 0.011	0.201	0.323	0.177	– 0.114	1.000

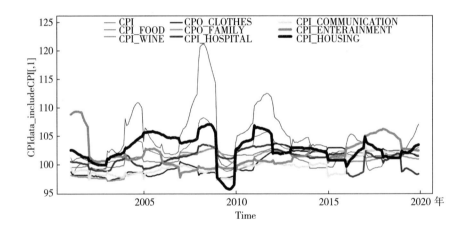

图 3 – 1   中国 CPI 及各子指数走势（2001—2019 年）

从表 3 – 2 的相关系数及图 3 – 2、图 3 – 3 可以看出，存在较多的负相关系数，且负相关程度较大。例如，食品类指数与衣着、交通、娱乐等价格指数存在较大的负相关，医疗类指数与交通、娱乐类指数存在负相关。这进一步说明 CPI 网络中各节点之间连通性问题。

图 3 – 2 与图 3 – 3 表明，除了住房类价格指数与食品类价格指数正相关程度较强外，其余各子指数与食品类价格指数的正相关程度较低，甚至出现负相关。

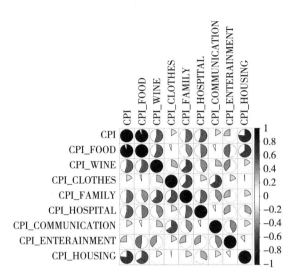

图 3 - 2　CPI 及各子指数间相关系数

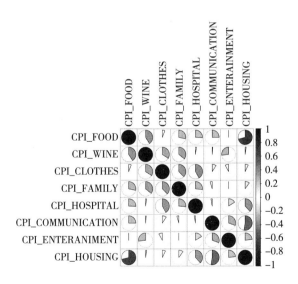

图 3 - 3　CPI 各子指数间相关系数

3.3.2 基于全样本 VAR 模型及方差分解的 CPI 网络连通性 测度

3.3.2.1 变量平稳性检验

首先采用 ADF 单位根检验方法对各指数进行平稳性检验，结果表明原变量不平稳。为此，对变量进行一阶 12 次差分（即原变量与滞后 12 期变量之差）。进行滞后 12 期差分除了能使变量平稳外，更重要的是我们使用的月度价格指数为去年同期环比数据，进行同期差分可以消除物价指数中的周期性成分，如节日效应。差分后，新变量均满足平稳性。

3.3.2.2 VAR 模型设定与估计

采用 AIC 与 BIC 准则，确定最优滞后阶数为 $p = 2$。在估计广义 VAR (2) 模型的基础上，对各序列进行预测（$H = 100$），并得到预测误差的方差分解图（见图 3 - 4）。通过各方差分解图可以看出，当 $H = 20$ 时，各变量预测误差的方差分解结果趋势于稳定。基于此，我们提取各变量预测误差的第 20 步预测方差分解结果，形成方差分解表（见表 3 - 3）。

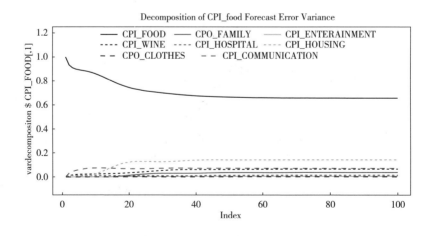

图 3 - 4 VAR 方差分解

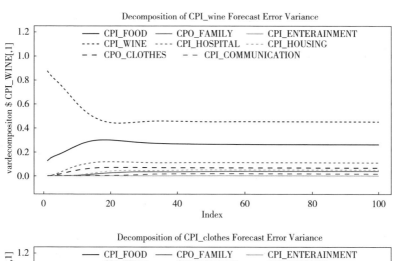

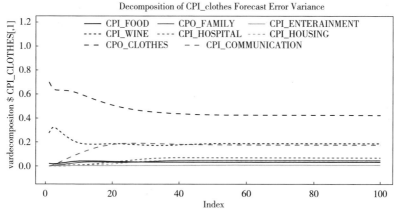

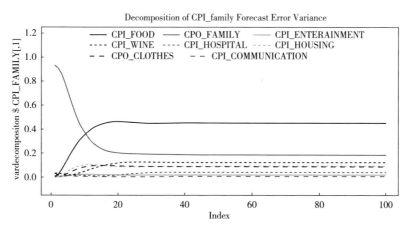

图 3 - 4　VAR 方差分解（续）

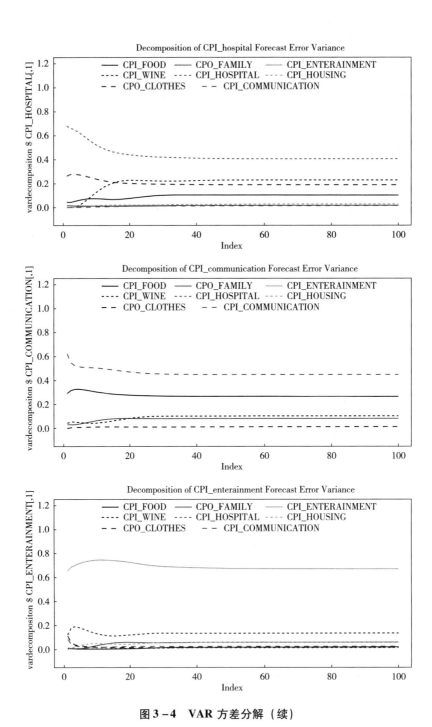

图 3-4 VAR 方差分解（续）

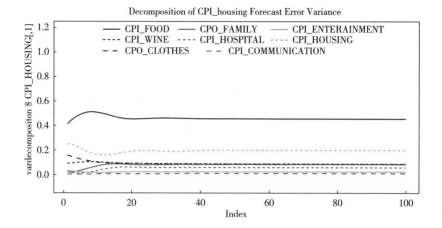

图 3 - 4　VAR 方差分解（续）

表 3 - 3　　　　　　基于全样本 VAR（2）预测误差的

方差分解矩阵（H = 20）（%）

	FOOD	WINE	CLOTH	FAMILY	HOSPIT	COMMUNI	ENTERAIN	HOUSE
FOOD	74. 61	3. 49	0. 09	1. 30	1. 04	6. 80	0. 33	12. 35
WINE	29. 96	44. 48	7. 07	2. 47	11. 77	0. 26	0. 02	3. 97
CLOTH	3. 86	18. 62	50. 88	3. 16	3. 31	18. 02	0. 41	1. 76
FAMILY	46. 43	11. 74	9. 30	20. 06	1. 72	0. 24	1. 76	8. 74
HOSPITAL	7. 56	22. 77	20. 10	1. 03	43. 94	1. 01	1. 62	1. 97
COMMUNI	27. 62	8. 44	1. 17	8. 27	4. 55	47. 13	0. 87	1. 95
ENTERAIN	0. 46	12. 03	1. 45	5. 91	0. 90	2. 44	72. 47	4. 34
HOUSING	45. 35	9. 10	9. 22	8. 26	6. 07	0. 58	2. 33	19. 09

对照表 3 - 2 及公式（3.4）~（3.11），将主对角线元素删除后并求各行和与各列和，分别得到 from 连通性与 to 连通性，最后再对 from 或 to 求和，除以表 3 - 2 各元素之和（N = 8）可计算出全样本期内 CPI 网络连通度为 53%。

表 3 - 4　　　　　全样本 CPI 网络连通性计算（%）

	FOOD	WINE	CLOTH	FAMILY	HOSPIT	COMMUNI	ENTERAIN	HOUSE	from
FOOD	0.00	3.49	0.09	1.30	1.04	6.80	0.33	12.35	25.39
WINE	29.96	0.00	7.07	2.47	11.77	0.26	0.02	3.97	55.52
CLOTH	3.86	18.62	0.00	3.16	3.31	18.02	0.41	1.76	49.12
FAMILY	46.43	11.74	9.30	0.00	1.72	0.24	1.76	8.74	79.94
HOSPIT	7.56	22.77	20.10	1.03	0.00	1.01	1.62	1.97	56.06
COMMUNI	27.62	8.44	1.17	8.27	4.55	0.00	0.87	1.95	52.87
ENTERAIN	0.46	12.03	1.45	5.91	0.90	2.44	0.00	4.34	27.53
HOUSE	45.35	9.10	9.22	8.26	6.07	0.58	2.33	0.00	80.91
to	161.25	86.19	48.40	30.40	29.35	29.34	7.34	35.08	427.35

3.3.2.3　全样本下 CPI 各子指数网络图：格兰杰因果关系检验

表 3 - 5 给出了各子指数间的格兰杰因果关系检验结果。可以看出，在 1% 显著性水平上，存在双向格兰杰因果关系的节点对有：家庭用品与医疗、医疗与交通、娱乐与交通、家庭与住房、交通与住房、医疗与住房；其余的节点对均在不同显著性水平上具有单向格兰杰因果关系。根据网络科学可知，单向因果关系的存在使得物价网络存在结构洞。

表 3-5　各 CPI 子指数间的格兰杰因果关系检验结果

formula	P	formula	P	formula	P	formula	P
FOOD ~ WINE	0.06*	FOOD ~ CLOTH	0.3	WINE ~ HOSPIT	0.006***	FAMILY ~ HOUSE	0.000***
WINE ~ FOOD	0.02**	CLOTH ~ FOOD	0.02**	HOSPIT ~ WINE	0.06*	HOUSE ~ FAMILY	0.008***
WINE ~ CLOTH	0.3	WINE ~ FAMILY	0.008***	CLOTH ~ COMMUNI	0.000***	FOOD ~ COMMUNI	0.000***
CLOTH ~ WINE	0.06*	FAMILY ~ WINE	0.06*	COMMUNI ~ CLOTH	0.3	COMMUNI ~ FOOD	0.02**
CLOTH ~ FAMILY	0.008***	CLOTH ~ HOSPIT	0.006***	FAMILY ~ ENTERAIN	0.9	WINE ~ ENTERAIN	0.9
FAMILY ~ CLOTH	0.3	HOSPIT ~ CLOTH	0.3	ENTERAIN ~ FAMILY	0.008***	ENTERAIN ~ WINE	0.06*
FAMILY ~ HOSPIT	0.006***	FAMILY ~ COMMUNI	0.000***	HOSPIT ~ HOUSE	0.000***	CLOTH ~ HOUSE	0.000***
HOSPIT ~ FAMILY	0.008***	COMMUNI ~ FAMILY	0.008***	HOUSE ~ HOSPIT	0.006***	HOUSE ~ CLOTH	0.3
HOSPIT ~ COMMUNI	0.000***	HOSPIT ~ ENTERAIN	0.9	FOOD ~ HOSPIT	0.006***	FOOD ~ ENTERAIN	0.9
COMMUNI ~ HOSPIT	0.006***	ENTERAIN ~ HOSPIT	0.006***	HOSPIT ~ FOOD	0.02**	ENTERAIN ~ FOOD	0.02**
COMMUNI ~ ENTERAIN	0.9	COMMUNI ~ HOUSE	0.000***	WINE ~ COMMUNI	0.000***	WINE ~ HOUSE	0.000***
ENTERAIN ~ COMMUNI	0.000***	HOUSE ~ COMMUNI	0.000***	COMMUNI ~ WINE	0.06*	HOUSE ~ WINE	0.06*
ENTERAIN ~ HOUSE	0.000***	FOOD ~ FAMILY	0.008***	CLOTH ~ ENTERAIN	0.9	FOOD ~ HOUSE	0.000***
HOUSE ~ ENTERAIN	0.9	FAMILY ~ FOOD	0.02**	ENTERAIN ~ CLOTH	0.3	HOUSE ~ FOOD	0.02**

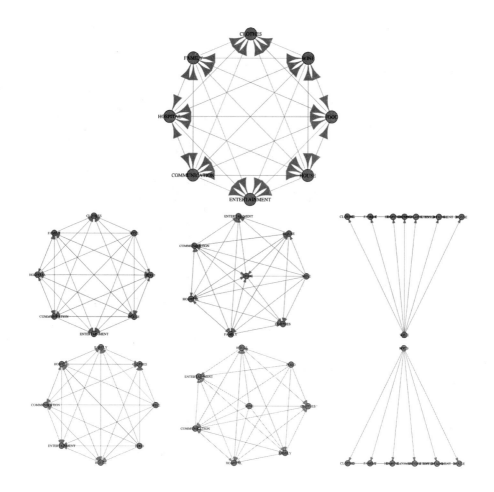

图3-5 显著性水平为10%（左）、5%（中）、
1%（右）时全样本 CPI 网络结构

格兰杰因果关系检验为我们绘制有向网络图提供了有关是否有连接以及连接方向两方面的信息。根据网络科学可知，节点数为 N=8 的简单完全网络包含的连接应当为56。CPI 网络图表明，在显著性水平为10%的情况下，8个节点间存在42个显著性因果关系［见图3-5（左）］，显著性因果关系占比87.5%。在显著性水平为5%时，8个节点间存在35个显著性因果关系［见图3-5（中）］，占比62.5%；在1%显著性水平下，8个节点存在28个显著性因果关系［见图3-5（右）］，占比50%。即便在10%显

著性水平上，CPI 各子指数之间的连接也没有达到完全网络，表明 CPI 各子指数网络之间的连通性存在上升空间，CPI 各子指数的涨跌不同步，CPI 感知偏差较大。双向因果关系较弱在一定程度上说明，我国各类商品间的价格传递机制仍存在不畅通因素。需要说明的是，在 10% 的显著性水平上，衣着与烟酒、家庭用品与衣着等商品类之间存在较弱的单向因果关系，商品价格指数之间的预测作用与同步性较弱。在 5% 的显著性水平上，食品类价格仅与家庭、医疗、交通、住房四类消费品存在双向因果关系，在 1% 的显著性水平上，食品类价格指数与任何消费品子价格指数之间均不存在显著的双向关系，这进一步表明作为权重最高的子价格指数，食品类价格指数与其他子价格指数之间的连通性较弱，各价格指数之间的同步性不高，这是消费者对 CPI 感知偏差的重要度量。

3.3.3　基于 rolling – VAR – Variance Decomposition 的时变连通性测度

CPI 网络连通性时变性的主要原因在于：第一，不同时期的需求冲击不同；第二，国家统计局每 5 年调整一次子指数的基期与权重，并对各类消费品的范畴划分进行局部调整；第三，我国市场经济改革与制度变迁使不同类消费品的连接性发生变化。基于以上原因，CPI 网络连通性具有时变性。CPI 网络连通性的时变性估计采用滚动 VAR 与滚动方差分解方法。即在设定估计窗口的基础上，估计 VAR 模型并得到方差分解矩阵。并在保持窗口宽度不变的情况下，不断增加新样本并删除旧样本，使窗口不断向右移动，如此循环估计 VAR 模型，并得到不同子样本期内的总连通性。

考虑到样本可得性，这里采用 w = 124 的窗口宽度，循环估计 VAR 模型并计算总连通性，结果如图 3 – 6 所示。

从图 3 – 6 可以看出，我国 CPI 网络连接性呈现出动态波动、震荡上升的态势，表明我国市场主体对 CPI 的感知偏差呈震荡性下降。

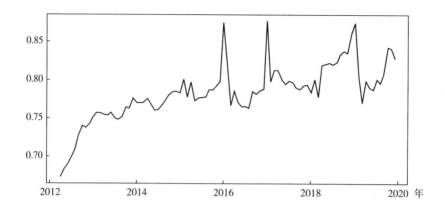

图 3 – 6   中国 CPI 网络连通性走势

3.4   小结

作为国民经济监测的重要指标，CPI 感知偏差不仅影响着市场参与者的预期与价格传递机制的正常运行，而且往往掣肘宏观经济调控政策，提高经济治理成本。本章基于 Diebold 和 Yilmaz 框架，将网络科学理论应用于 CPI 各子指数间的网络结构描述，以刻画 CPI 各子指数间的网络连通性。通过刻画 CPI 网络连通性的时变性，从网络结构的视角进一步定量地认识 CPI 感知偏差的原因与程度。研究表明，我国 CPI 的网络连通性指数呈现出震荡上升、动态波动的变化趋势。我国 CPI 连通性的持续上升意味着市场对 CPI 的感知偏差逐渐下降。对 CPI 网络连通性的描述性分析发现，我国 CPI 网络连通性的平均值为 78.3%，CPI 感知偏差为 1 – 78.3% = 21.7%，表明我国 CPI 感知偏差的纠正仍然存在较大空间。

第4章　网络连通性与
股票市场金融风险传染

　　金融全球化进程下，国际投资者不断寻找更具吸引力的替代性资产以分散化其投资组合，这在很大程度上提高了各国金融市场间的相依性与关联性（Banerjee 和 Guhathakurta，2020），金融市场的网络结构发生着变化。在此背景下，金融市场协动性（相关性）显著上升，金融风险传染（Forbes 和 Rigobon，2002）日益严重[①]，典型表现是金融冲击从一个国家向另一个国家扩散，对全球系统性风险的防范形成严峻挑战，各国对金融风险的跨国传染机制及影响因素达到前所未有的重视。另外，股票市场的网络结构影响着网络的稳定性与金融风险的跨国传染路径，进而影响着全球金融市场的稳定（Xu，Wong 等，2017）。那么，金砖五国（以下简称 BRICS）与美国股市间是否存在金融风险传染？BRICS 与 US 股市间的金融网络结构如何演变？BIRCS 与 US 金融网络结构的演变是否以及如何影响着风险传染？

---

　　① 虽然学术界对金融风险传染的界定仍然存在分歧，但是共识大于分歧，从实践上看共识更大一些。鉴于此，本书的金融风险传染为广义的金融风险传染，可以指一国受到冲击时另一国受到冲击的可能性（概率维度）（Gerlach 和 Smets，1995），也可以指某国受到冲击后导致与其存在经济关联的国家受到冲击（溢出效应维度）（Pritsker，2003），还可以指基于资产价格关联或联动（行为维度）（Kaminsky 和 Reinhart，2003；Forbes 和 Rgobon，2002）。因此，书中关于金融市场协动性、联动性、相依性的表述与金融传染在本质上并无差异。

4.1 文献综述

金融全球化增强了各国金融市场之间的相依性与传染性（Banerjee 和 Guhathakurta，2020；Bhattacharjee 等，2017；Wang 等，2018）。当前对金融传染研究主要包括两个方面：一个研究领域是金融传染存在性的实证检验，具体包括发达国家市场间的传染、发达国家市场对发展中国家市场的传染，以及一国内部金融部门或机构间的传染。一国股票市场极端事件所导致的全球股票市场震荡屡见不鲜（Aloui 等，2011；Bertero 和 Mayer，1990；Lucht-enberg 和 Vu，2015）。2008 年国际金融危机的爆发催生出大量关于股票市场金融风险传染的研究成果（Kenourgios 等，2007；Markwat 等，2009；Bou-baker 等，2016；Longstaff，2010；Gallegati，2012；Jin 和 An，2016；Kazemilari 和 Djauhari，2015；江洁等，2020）。Kenourgious 等（2007）基于多变量区制转换 Copula 模型发现，BRICS 与美国、英国间存在显著的金融传染。Markwat 等（2009）研究发现，一个地区的股灾会对多个股票市场产生"多米诺骨牌效应"，即金融传染。Boubaker 等（2016）再次实证了美国次贷危机期间，美国对若干发达国家及若干发展中国家均存在显著的传染效应。Longstaff（2010）考察了美国次贷危机期间的次级贷款资产定价问题，并验证了市场间的传染效应。Gallegati（2012）基于小波动分析方法检验了金融传染效应的存在性，结果表明，全球股票市场在次贷危机期间均受到美国股市的显著影响。近年来，学术界越来越多地开始关注新兴市场间的传染性（Choe 等，2012；贾凯威，2014）以及新兴金融市场与发达市场间金融传染性问题（Kocaarslan 等，2017；Turhan 等，2013）。在众多新兴市场中，BRICS 则成为关注的焦点（Bekiros，2014；Lehkonen 和 Heimonen，2014）。Hwang 等（2013）利用 DCCX‑MGARCH 模型及异方差一致回归检验（Eicker‑White）的研究发现，T‑Bill 与 ED 收益差 TED、信用违约掉期 CDS 的上升对美国与新兴经济体间的条件相关性具有负影响，而 VIX 指数、汇率波动及境外机构投资的上升则会对美国与新兴经济体间的条件相关性产生正影响。Kocaarslan 等（2017）研究发现，美国股票、石油与黄金市场的波动性预期对美国与 BRICS 股市的动态相关性具有非对称性影响。相似的其他研究如 Bekaert 等（2012）、Jin 和 An（2016）等均表明，一国（地区）股市的剧烈变化均会导致其他地区或国家股票市场的剧烈震荡。

大多数研究支持金融传染的同时，部分研究对金融传染的存在性得出了较为复杂的结论。江洁等（2020）基于 Copula 函数实证检验了金融危机传染，结果表明，金融危机期间中国股市的下跌相对于美国股市的下跌具有一定的独立性，美中之间不存在金融传染。同时，我国国有商业银行之间、国有商业银行与中小银行之间的风险传染并不明显，但是中小银行之间的风险传染性较强。史沛然（2018）基于 DCC - GARCH 模型对金砖国家合作机制下的金融传染效应与动态相关性进行了研究，结果表明，BRICS 合作机制加大了中国对其他 BRICS 的传染，而印度对巴西、俄罗斯与南非的传染性也得到了实证支持。方立兵等（2015）也得出了相似结论：中国股市具有更高的系统重要性，即中国股市对其他金砖国家的风险影响最大，其他国家的风险传染则无显著差异。刘湘云等（2015）的研究结果表明，次贷危机全面爆发到欧洲债务危机爆发前，美国对 BRICS 存在显著的单向因果关系。综上所述，现有研究对国家之间、国内金融机构之间是否存在金融传染进行了大量的实证研究，结论也因研究样本、研究方法与研究对象不同而略有差异。这意味着，全球股票市场的相依结构在金融危机期间可能会发生变化。股票市场的理论与实践研究均要求关注股票市场间相依结构的建模方法，以及对股票市场间相依结构的变化进行诊断建模。在此背景下，网络方法被引入金融风险研究。Mantegna（1999）基于各国股票市场间的相关系数构建最小生成树 MST，探讨了各国股票市场间的动态关系，成为采用网络方法研究股票市场相依结构较早的成果之一。Onnela 等（2003）同样基于股票市场相关系数矩阵构建最小生成树，并探究了 MST 的动态特征。Mizuno 等（2006）则借助主要货币相关性构建 MST，并研究了

MST 的动态特征。最近的研究中，Kazemilari 和 Djauhari（2015）利用 RV 系数分析了股票市场的拓扑特征。Namaki 等（2011）利用随机矩阵理论分析了股票市场网络，并审视了美国与伊朗两国股票市场个股间的相依结构。可见，借助网络方法检验股票市场或金融机构之间的相依结构是否存在断点，成为当前判断是否存在风险传染的重要方法（Banerjee 和 Guhathakurta，2020）。Banerjee 和 Guhathakurta（2020）认为，全球股票市场间的信息流是股票市场间存在金融传染的重要原因，可以采用网络分析技术判断信息流的特征与本质。基于此，Banerjee 和 Guhathakurta（2020）在建立股票市场动态网络的基础上，采用序贯断点检验法检验了 11 国股票市场网络的结构特征是否存在断点，结果表明，由 11 国股票市场构成的动态网络在若干股灾期间均存在结构性断点。更为重要的是，股票市场网络结构断点往往在股灾发生之前，为通过股票网络结构变化识别和预警金融危机奠定了初步证据。此外，也为本书基于网络结构解释金融传染，并预警金融风险提供了启示与借鉴。

有关金融传染的另一研究领域是金融传染机制及其决定因素。现有传染文献揭示了两种类型的金融传染机制：基于基本面的传染（Goldstein，1998；Pritsker，2003；Bekaert 等，2014）与基于投资者行为的传染（Masson，1998；Dornbusch 等，2000；Forbes 和 Rigobon，2001）。基于基本面的传染包括金融冲击的贸易关联机制与金融市场关联机制。Goldstein（1998）认为，一国的基本面特征对金融传染具有重要的影响，一个重要的原因在于投资者往往会对另一个市场发生危机的可能性进行再评价。Bekaert 等（2014）找到了以上假设成立的证据，即基本面变坏是 2008 年国际金融危机传播的重要驱动因子。基于投资者行为的传染则认为，投资者风险偏好与风险感知的变化导致了全球资产配置策略的变化，进而引发了金融传染。如果全球投资者的风险偏好出现同步性上升，投资者将在国际市场上追逐高风险资产，导致全球风险资产价格的上涨。可见，该类型的金融传染是由投资者的组合结构变化导致，而非市场特征（Kumar 和 Persaud，2001）。

　　无论是基本面传染机制还是行为传染机制，都离不开信息流动与全球金融一体化这两个影响因素（Banerjee 和 Guhathakurta，2020）。信息流的动态特征对市场均衡价格与全球分散策略具有重要影响。Fleming 等（1998）认为，除了共同信息会导致全球市场预期趋同外，跨市场套利与对冲也会导致信息外溢。股票投资者预期容易受到信息事件影响（直接或间接）。共同信息及跨市对冲信息流进一步提高了市场间的关联性。但是，一些制度约束可能会限制跨市对冲的效应（Fleming 等，1998）。Kodres 和 Pritsker（2002）对金融传染渠道的研究表明，全球金融传染具有时变性，会随着各市场风险敞口、各国宏观经济风险、各市场信息不对称程度的变化而变化。基于跨市场再平衡策略的同步交易行为，会进一步强化各股市间的关联性与同步性，最终导致时变金融传染。全球化进程提高了各国金融风险、全球因子及股票市场绩效之间的相关性，引起许多学者的关注（Forbes 和 Rigobon，2002；Abad 等，2010）。大量的研究表明，随着金融全球化进程的推进，资产跨市场配置的边际效益逐渐下降（Longin 和 Solnik，1995）。部分研究对时变跨市相关性尤其是金融危机期间的相关性进行了研究。结果表明，金融危机期间，全球资本市场间的联系被进一步强化（Cappiello 等，2006；Aloui 等，2011；Akca 和 Ozturk，2016）。

　　可以看出，基于基本面的传染与基于投资者行为的传染并非完全孤立，两者相互交织。基本面因子影响投资者预期，在信息不对称情况下，投资者预期的趋同与超调将加大市场波动的传染性。具体来讲，全球宏观经济因子对跨市动态相关性的决定至关重要（Fama，1990；Schwert，1990；Longin 和 Solnik，1995），这种决定作用直接影响着全球对冲活动。这些宏观经济因子通过影响投资者的预期影响跨市相关性。当全球投资者预期到市场间的信息关联随着全球经济条件的变化而发生变化时，选择性的资金跨市转移将会发生。在全球经济状态非常好时，全球范围内的对冲程度非常小，信息不对称在金融传染中的作用并不大（Kodres 和 Pritsker，

2002）。但是，当经济形势变坏时，全球范围内的对冲活动急剧上升，从而显著地改变了跨市相关性，金融传染发生。在众多的全球宏观经济因子中，石油价格与黄金市场往往被认为能够较好地释放市场走势与市场条件信号。若干研究表明，在经济动荡时期，作为贵金属市场的代表，黄金市场往往被视为投资者的避险天堂（Baur 和 McDermott，2010；Daskalaki 和 Skiadopoulos，2011）。同时，作为重要的能源，石油价格反映了全球经济条件，石油价格走势对未来经济前景具有强有力的预示作用。此外，大量研究表明，石油市场与 BRICS 股票市场之间存在显著的收益与波动外溢（Kang 等，2009；Fang 和 You，2014）。最后，作为重要的石油供需大国与金融强国，美国对石油价格与黄金价格具有重要的话语权与影响力，因此，石油价格与黄金价格的变化对美国股市与其他国家股市之间的相关性具有不可忽视的影响。

现有文献无疑为本书关于金融传染研究奠定了坚实的理论与方法基础，但是在金融传染的机制与决定因素分析方面仍然存在较大空间：第一，无论是经济基本面机制还是投资者行为机制，无论是一体化因素还是信息流动因素，都无法越过金融市场间的网络连通结构而孤立存在。Banerjee 和 Guhathakurta（2020）关于网络结构突变领先于金融危机或股灾的研究，对本书基于网络结构解释金融传染具有重要的启发。在经济基本面与投资者偏好不变的情况下，不同的金融网络连通性也会导致不同程度的金融传染，而这恰恰是当前研究没有给予高度重视的地方。基于金融网络结构阐释金融传染使得金融传染的"白盒"特征更趋于明显。金融传染与金融市场的网络结构具有密切关系（Diebold 和 Yilmaz，2012；Diebold 和 Yilmaz，2014）。国内外许多学者近年来开始关注网络结构对金融系统性风险传染的影响（鲍勤和孙艳霞，2014；王姗姗，2018；卜林和王雪杰等，2020）。各金融市场之间的网络连通在提高风险分散能力的同时，也带来了风险传染的可能（Allen 和 Gale，1998；Allen 和 Gale，2000；Gale，2007），影响着金融稳定性。各国金融市场的异质性与金融改革的非同步性使得国际金融市场网络结构发生着变化。那么，BRICS 与美国间金融网络连通结构如何测度？金融网络连通性的变化如何影响美国对 BRICS 的金融传染？这些问题的回答仍然需要进一步探究。第二，大量研究表明，金融传染具有时变性，其本质是金融网络的相依结构存在时变性，往往表现为金融危机期间的金融网络连通性的变化（Banerjee 和 Guhathakurta，2020），但是基于金融网络连通结构变迁视角的时变性金融传染解释仍未受到重视，本书基于滚动 DY框架的金融网络连通性测度为金融传染的时变性提供了新的解释。第三，现有研究多关注金融传染的时变性，而对金融传染的非对称性关注程度则不够，本书基于非对称动态相关模型（aDCC）的动态相关系数测度，以及基于分位数与面板分位数模型的实证研究丰富了这方面的研究。

本章结构如下：第二部分为模型与方法；第三部分为美国与 BRICS 金融传染时变性实证检验；第四部分为美国与 BRICS 金融网络连通性测度；第五部分为基于分位数回归的金融连通性影响金融传染实证分析；第六部分为结论与启示。

4.2　模型与方法

4.2.1　基于 aDCC – VAR – EGARCH 的股市时变相关性测度

探究各市场间的传染性并揭示时变性传染背后的驱动机制，要求对信息流进行建模。价格反映一切信息，DCC 类模型有助于解释投资者受全球风险条件影响而作出的动态调整行为，以及金融市场羊群效应导致的金融传染（Corsetti 等，2005；Boyer 等，2006；Chiang 等，2007；Syllignakis 和 Kouretas，2011；Celik，2012）。多变量 VAR – GARCH 模型可以由单变量GARCH 模型扩展得到。假设随机过程 Y_t 在给定信息集 I_{t-1} 时的设定服从以下 VAR 过程：

$$Y_t \mid I_{t-1}, I_{T-2}, \cdots, I_{t-n} = \varphi_0 + \sum_{i=1}^{n} \varphi_i Y_{t-i} + \varepsilon_t \tag{4.1}$$

$$\varepsilon_t = \mathrm{H}_t^{1/2} z_t \tag{4.2}$$

其中，$\mathrm{H}_t^{1/2}$ 为 Y_t 的 $N \times N$ 条件方差矩阵，该方阵为正定阵。z_t 为 $N \times 1$ 的 $i.i.d.$ 随机向量，且满足：

$$E(z_t) = 0$$
$$Var(z_t) = I_N \tag{4.3}$$

I_N 为 $N \times N$ 单位阵。向量 Y_t 条件协方差矩阵定义如下：

$$
\begin{aligned}
Var(Y_t \mid I_{t-1}) &= Var_{t-1}(Y_t) = Var_{t-1}(\varepsilon_t) \\
&= H_t^{1/2} Var_{t-1}(z_t)(H_T^{1/2})^T \\
&= H_t
\end{aligned}
\tag{4.4}
$$

对协方差矩阵 H_t 的不同设定形成不同的 MGARCH 模型。在不变条件相关模型 CCC 中（Bollerslev, 1990），方差矩阵的设定形式如下：

$$H_t = D_t R D_t = \rho_{ij} \sqrt{h_{iit} h_{jjt}} \tag{4.5}$$

其中，$D_t = diag(h_{11t}, \cdots, h_{nnt})$，$R$ 表示正定不变条件相关矩阵。条件方差 h_{iit} 可以通过 GARCH（p, q）模型估计：

$$h_t = \omega + \sum_{i=1}^{p} A_i \varepsilon_{t-i} \odot \varepsilon_{t-i} + \sum_{i=1}^{q} B_i h_{t-i} \tag{4.6}$$

其中，$\omega \in \mathbb{R}^n$，A_i、B_i 为 $N \times N$ 对角阵，$\odot$ 表示哈达马积运算符。协方差阵 H_t 为正定阵的条件是：R 正定且 $\omega \in \mathbb{R}^n$、A_i、B_i 的主对角线元素为正。考虑多元正态分布及各时点的对数似然值得，式（4.5）可表示为

$$
\begin{aligned}
LogL_t &= \frac{1}{2}\left[\log(2\pi) + \log|H_t| + \varepsilon_t^T H_t^{-1} \varepsilon_t \right] \\
&= \frac{1}{2}\left[\log(2\pi) + \log|D_t R D_t| + \varepsilon_t^T D_t^{-1} R^{-1} D_t^{-1} \varepsilon_t \right] \\
&= \frac{1}{2}\left[\log(2\pi) + 2\log|D_t| + \log|R| + z_t^T R^{-1} z_t^T \right]
\end{aligned}
\tag{4.7}
$$

式中，$z_t = D_t^{-1} \varepsilon_t$。可以看出，对数似然值可表示为单变量 GARCH 模型似然

值之和 D_t、相关矩阵 R 及 $z_t^T R^{-1} z_t^T$ 之和。由于现实中随机变量间的相关性总是具有时变性，而不变相关性过于理想。Engle（2002）以及 Tse 和 Tsui（2002）在协方差矩阵中引入了时变特征：

$$H_t = D_t R_t D_t \tag{4.8}$$

在该模型中，除了要求相关性具有时变特征外，还要求 R_t 在各个时点上可逆，因此也要求该有矩阵严格正定。目前，较为流行的 DCC 模型通过模拟以下代理过程 Q_t，保证以上约束条件的成立：

$$
\begin{aligned}
Q_t &= \overline{Q} + a(z_{t-1} z_{t-1}^T - \overline{Q}) + b(Q_{t-1} - \overline{Q}) \\
&= (1 - a - b)\overline{Q} + a z_{t-1} z_{t-1}^T + b Q_{t-1}
\end{aligned}
\tag{4.9}
$$

其中，a，b 为非负数，且须满足 $a + b < 1$ 以保证 Q_t 的平稳性与正定性。$\overline{Q}$ 是标准扰动项 z_t 的非条件矩阵，通过协方差盯住部分 $(1 - a - b)\overline{Q}$ 进入方程。相关矩阵 R_t 可基于下式得到：

$$R_t = diag\left(Q_t\right)^{-1/2} Q_t diag\left(Q_t\right)^{-1/2} \tag{4.10}$$

此时，通过加上并减去 $\varepsilon_t^T D_t^{-1} D_t^{-1} \varepsilon_t = z_t^T z_t$，式（4.6）的对数似然函数可分解为波动项 $LL_v(\theta_1)$ 与相关项 $LL_R(\theta_1, \theta_2)$：

$$
\begin{aligned}
LogL &= \frac{1}{2} \sum_{i=1}^{T} \left[N\log(2\pi) + 2\log|D_t| + \log|R_t| + z_t^T R_t^{-1} z_t^T \right] \\
&= \frac{1}{2} \sum_{i=1}^{T} \left[N\log(2\pi) + 2\log|D_t| + \varepsilon_t^T D_t^{-1} D_t^{-1} \varepsilon_t^T \right] + \\
&\quad \frac{1}{2} \sum_{i=1}^{T} \left(\log|R_t| + z_t^T R_t^{-1} z_t^T - z_t^T z_t \right) \\
&= LL_v(\theta_1) + LL_R(\theta_1, \theta_2)
\end{aligned}
\tag{4.11}
$$

其中，$LL_v(\theta_1)$ 表示波动成分，而 $LL_R(\theta_1, \theta_2)$ 为似然对数值中的相关成分。将似然对数值分解为两部分更有利于对多变量、多参数等大规模模型的估计。在此基础上，Cappiello 等（2006）将 DCC 模型扩展为非对称广义 DCC 模型，即 AGDCC 模型。此时：

$$Q_t = (\overline{Q} - A^T \overline{Q} A - B^T \overline{Q} B - G^T \overline{Q^-} G) + A^T z_{t-1} z_{t-1}^T A + B^T Q_{t-1} B + G^T z_t^- z_t^{T-} G$$

$$(4.12)$$

其中，A，B，G 均为 $N \times N$ 参数矩阵，$z_t^- = \begin{cases} z_t, & z_t < 0 \\ 0, & others \end{cases}$ 表示零门限标准残差。

$\overline{Q}$ 与 $\overline{Q^-}$ 分别表示 z_t 与 z_t^- 的非条件方差矩阵。

4.2.2 基于 Rolling – VAR 方差分解方法的金融网络时变连通性测度[①]

这里借鉴 Diebold 和 Yilmaz（2014）的做法，对模型（4.1）进行估计，在此基础上对各变量的 H 步预测方差进行分解，将一个变量（i）对另一变量（j）预测方差的贡献份额作为由 i 到 j 的连通性测度 $C_{i \to j}$。据此，可得到基于 VAR 模型的方差分解矩阵 $D = \left[d_{ij} \right]_{N \times N}$。对方差分解矩阵的每行与每列非主对角线元素求和，得到各行之和（某国家预测方差由其他国家导致的和 $\sum\limits_{\substack{j=1 \\ j \neq i}}^{N} d_{ij}$，from others）及各列之和（某国对其他各国预测方差的贡献之和 $\sum\limits_{\substack{i=1 \\ i \neq j}}^{N} d_{ij}$），将行和与列和合并至方差分解表，得到各国网络连通性测度表[②]（见表 4 - 1）。在此基础上，用列和 *To Others* 减去行和 *From Others* 得到各节点 j 的净连通性 *Net*[③]。

---

① 如无特别说明，本书中的网络连通性、网络关联度具有相同的含义，均表示 network connectedness。

② To _ Others 表示某国股市波动的外溢程度，表现为向外关联或连通性；From _ Others 表示某国对其他各国股市波动的吸收程度，也表现为向内关联或连通性。

③ *Net* 在这里表示净外溢。

表 4 - 1　　　　　　　　　　　　　　　网络关联测度

	x_1	x_2	$\cdots$	x_N	From Others
x_1	d_{11}	d_{12}	$\cdots$	d_{1N}	$\sum\limits_{j=1}^{N} d_{1j}, j \neq 1$
x_2	d_{21}	d_{22}	$\cdots$	θ_{2N}	$\sum\limits_{j=1}^{N} d_{2j}, j \neq 2$
$\vdots$	$\vdots$	$\vdots$	$\ddots$	$\vdots$	$\vdots$
x_N	d_{N1}	d_{N2}		d_{NN}	$\sum\limits_{j=1}^{N} d_{Nj}, j \neq N$
To Others	$\sum\limits_{i=1}^{N} d_{i1}, i \neq 1$	$\sum\limits_{i=1}^{N} d_{i2}, i \neq 2$	$\cdots$	$\sum\limits_{i=1}^{N} d_{iN}, i \neq N$	$\dfrac{1}{N}\sum\limits_{\substack{ij=1 \\ i \neq j}}^{N} d_{ij}$
Net	$\sum\limits_{i=1}^{N} d_{i1} - \sum\limits_{j=1}^{N} d_{1j}$	$\sum\limits_{i=1}^{N} d_{i2} - \sum\limits_{j=1}^{N} d_{2j}$	$\cdots$	$\sum\limits_{i=1}^{N} d_{iN} - \sum\limits_{j=1}^{N} d_{1N}$	0

以上网络连通测度建立在方差分解矩阵基础上，Diebold 和 Yilmaz（2009）采用 VAR 方法，提出了基于预测方差分解的波动关联度测度方法。该方法可用于测度不同市场、不同资产间收益关联度或波动关联度。为测度各节点间网络关联度的时变性，这里采用左侧窗口滚动 VAR 估计（left rolling VAR），得到时变参数与时变预测方差分解矩阵，进而得到时变关联度。关于样本窗口的选择，选择 w = 100。

4.2.3　分位数回归模型

在测度动态相关系数、各国金融市场与美国金融市场网络连通性的基础上，进一步采用分位数回归方法对金融传染的决定因素与影响机制进行实证分析。Koenker（2005）认为，分位数回归克服了 OLS 的诸多不足，能够更准确地预测解释变量变化对被解释变量的影响。假设 y 为被解释变量，线性依赖于解释变量 x，则在给定 x 的条件下，y 的 τ^{th} 条件分位数函数可定义如下：

$$Q_y(\tau|x) = \inf\{b|F_y(b|x) \geqslant \tau\} = \sum_k \beta_k(\tau)X_k = X^T\beta(\tau) \quad (4.13)$$

$F_y(b|x)$ 为给定 x 时 y 的条件分布，QRM 系数 $\beta(\tau)$ 是对解释变量 x 与被解释变量 y 的 τ^{th} 条件分布相关性的刻画。如果 x 中不包括外生变量，则该相关性为无条件相关，否则为条件相关。$\beta(\tau)$ 决定着变量 y 与 x 间不同分位数上的依赖关系与结构。根据依赖关系的不同，$\beta(\tau)$ 的取值有以下几种情况：第一，$\beta(\tau)$ 为常数，即不随 τ 的变化而变化；第二，$\beta(\tau)$ 单调递增（递）减，即 $\beta(\tau)$ 随着 τ 的增加而增加（降低）；第三，对称性（或非对称性）$\beta(\tau)$，即在低分位数与高分位数上有相似（不相似）的 $\beta(\tau)$。如当 $\beta(\tau) \approx \beta(1-\tau)$ 时，此时为对称性依赖关系。参数 $\beta(\tau)$ 的估计可通过最小化以下加权绝对值离差得到：

$$\hat{\beta}(\tau) = \arg\min \sum \left[\tau - I_{\{y_i < x^T\beta(\tau)\}} \right] |y_i < X^T\beta(\tau)] \qquad (4.14)$$

$I_{\{y_i < x^T\beta(\tau)\}}$ 为指示函数。利用 Koenker 和 D'Orey（1987）提出的线性规划算法求解以上优化问题可得参数 $\beta(\tau)$。$\beta(\tau)$ 的标准误可通过 Buchinsky（1995）提出的 Bootstrap 方法得到，该标准误在 QRM 存在异方差及设定偏误的情况下满足渐近有效性。

4.3　金砖五国金融传染时变性实证分析

4.3.1　样本、数据及描述性统计分析

本书所使用的数据来自 MSCI 的 BRICS 及 US 市场月收盘价格。月度石油价格 OP 使用美国能源信息管理局的 WTI（West Texas Intermadiate）石油价格。黄金价格 GP 来自 World Gold Council。金融压力指数 FSI 来自 Federal Reserve Bank of St. Louis[①]。根据数据可得性，这里选择 1996 年 12 月至 2019 年 10 月为研究区间，数据采用月度数据。各原始数据的趋势如图 4 - 1

[①] 原始数据为周频率数据（https：//fred. stlouisfed. org），这里对每周的 FSI 进行简单平均后转化为月 FSI。

所示。可以看出，BRICS 的股票价格与美国股票价格走势表现出明显的时变相关性：第一，各国股市在 1997 年东南亚金融危机、2008 年国际金融危机期间表现出非常大的波动性，各国股市之间的相关性较强；第二，美国次贷危机后至 2015 年，BRICS 股市表现为明显的震荡调整特征，各国股市的相关性表现较弱；第三，除南非外，其他金砖国家与美国股市均在 2015 年后表现出明显的上升趋势，各国股市的相关性较强。以上特征从各国股票价格收益率的波动趋势图（见图 4 - 2）可以进一步得到验证。基于以上初步分析，这里进一步将整个样本期划分为四个子样本：第一子样本为东南亚金融危机子样本，定义为 1996 年 1 月 – 2001 年 12 月；第二子样本为后东南亚金融危机子样本，定义为 2002 年 1 月 – 2006 年 12 月；第三子样本为美国次贷危机子样本，定义为 2007 年 1 月 – 2011 年 12 月；第四子样本为后金融危机子样本，定义为 2012 年 1 月 – 2019 年 10 月。对各国股市收益率进行全样本描述性统计分析，结果见表 4 - 2。表 4 - 2 分别给出了 BRICS 及美国股市收益率在全样本期期内的最小值、最大值、极差、中位数、均值、偏度、峰度、Shapiro – Wilk 正态分布 P 值等。为便于比较，这里对各子样本与全样本进行比较①。各国股市收益率最小值、最大值、极差、均值在金融危机期间与非金融危机期间存在显著差异。中国股市收益率的最小值在东南亚金融危机及次贷危机期间分别为 32.41%、26.03%，分别显著低于两次后危机时期的最小值 14.7%、14.5%。中国在东南亚金融危机与次贷危机期间的最大收益率分别为 38%、17%，分别高于两次后金融危机时期的 14%、15%。从极差看，股市波动的阶段性特征更明显：中国股市在东南亚金融危机与美国次贷危机期间的极差分别为 70%、40%，分别远远高于两次后金融危机时期的 29%。俄罗斯、巴西、南非、印度也表现出相似的特征。从图 4 - 1 各序列的走势还可以看出，各国股市收益率波动存在显著的波动集聚特征与方差时变性特征。表 4 - 2 中各股市收益率的正态分布检

---

① 受篇幅所限，表 4 - 2 只给出了全样本描述性统计结果，省略了子样本描述性统计结果。

验也表明，所有序列在大多数样本期内均不满足正态分布。各序列存在显著的尖峰厚尾特征。为基于 GARCH 类模型模拟各序列的时变方差及两两之间的时变相关性提供了初步依据。

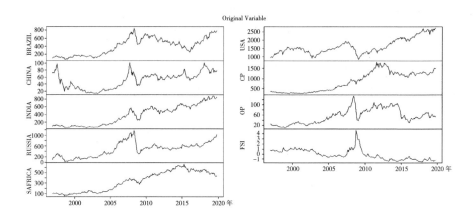

注：数据来源为 MSCI 官网、EIA 官网、GOLD COUNCIL 官网、美国 Federal Reserve Bank of St. Louis。本图采用 Rstudio 制成。BRZIL、CHINA、INDIA、RISSIA、SAFRICA、USA、GP、OP、FSI 分别表示巴西股票价格（美元）、中国股票价格（美元）、印度股票价格（美元）、俄罗斯股票价格（美元）、南非股票价格（美元）、美国股票价格（美元）、黄金价格（美元）、石油价格（美元）、金融压力指数。

图 4 – 1　1996—2019 年 BRICS 与美国股票价格指数、石油价格、黄金价格走势

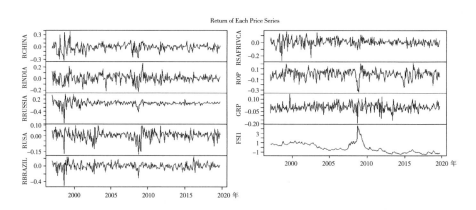

图 4 – 2　BRICS 各国股票价格收益率序列、黄金价格收益率、

石油价格收益率序列、FSI 指数

表 4 – 2 全样本描述性统计

	RCHINA	RINDIA	RRUSSIA	RUSA	RBRAZIL	RSAFRICA	ROP	RGP	FSI1
N	274	274	274	274	274	274	274	274	274
最小值	– 0. 3241	– 0. 2253	– 0. 9578	– 0. 1770	– 0. 5099	– 0. 2679	– 0. 3320	– 0. 1910	– 1. 4880
最大值	0. 3822	0. 2710	0. 4496	0. 0982	0. 2493	0. 1588	0. 2139	0. 1600	4. 6650
极差	0. 7062	0. 4963	1. 4074	0. 2752	0. 7592	0. 4267	0. 5458	0. 3509	6. 1530
均值	0. 0002	0. 0078	0. 0085	0. 0039	0. 0075	0. 0054	0. 0028	0. 0051	– 0. 0901
方差	0. 0087	0. 0053	0. 0180	0. 0019	0. 0077	0. 0032	0. 0074	0. 0023	1. 0434
标准差	0. 0930	0. 0726	0. 1341	0. 0437	0. 0877	0. 0565	0. 0862	0. 0478	1. 0215
偏度	– 0. 1057	– 0. 1510	– 1. 7212	– 0. 8806	– 0. 8734	– 0. 5661	– 0. 6942	– 0. 1300	1. 1340
峰度	2. 3481	0. 6804	11. 5645	2. 0578	4. 3926	2. 2906	1. 2321	1. 1668	2. 3634
normtest. p	0. 0000	0. 0885	0. 0000	0. 0000	0. 0000	0. 0000	0. 0000	0. 0162	0. 0000

注：计算结果来自 Rstudio。Shapiro – Wilk 统计量为正态分布检验统计量，normtest. p 表示 Shapiro – Wilk 正态分布检验相伴概率，其原假设为：序列服从正态分布。

4.3.2 变量平稳性检验

基于 VAR 模型刻画各国收益率间的外溢关系要求各变量满足平稳性，因此，这里采用 ADF 单位根检验对各序列的平稳性进行检验。检验结果表明（见表 4 – 3），所有收益率序列均在 1% 的显著性水平上拒绝了原假设，即所有序列均为平稳序列，可以采用 VAR 模型对各收益率序列间的外溢关系进行建模。此外，对石油价格收益率、黄金价格收益率、金融压力指数的单位根检验结果表明，除金融压力指数 FSI 在 10% 显著性水平上平稳外，其余序列均在 1% 显著性水平上满足平稳性条件。

表 4 – 3 变量 ADF 平稳性检验

变量	检验形式（C，T，L）	ADF 值	P 值	结论
RCHINA	0，0，6	– 5. 4633	0. 01	平稳
RINDIA	0，0，6	– 6. 1934	0. 01	平稳
RRUSSIA	0，0，6	– 6. 0249	0. 01	平稳
RUSA	0，0，6	– 5. 8286	0. 01	平稳

变量	检验形式（C，T，L）	ADF 值	P 值	结论
RBRAZIL	0，0，6	−6.6157	0.01	平稳
RSAFRICA	0，0，6	−6.0422	0.01	平稳
ROP	0，0，6	−6.7482	0.01	平稳
RGP	0，0，6	−5.6697	0.01	平稳
FSI	1，0，6	−3.1116	0.09	平稳

注：使用 Rsudio 软件进行 ADF 检验（adf.test 命令），在设定最大滞后除数 12 的情况下基于 AIC 准则确定最优滞后阶数。C，T，L 分别表示 ADF 检验式中是否含截距项、趋势项（0 表示无，1 表示有）以及滞后阶数。

4.3.3　VAR – aDCC – EGARCH（1，1）模型的估计

VAR – aDCC – GARCH 模型估计分两个阶段：第一阶段估计 VAR 模型，并对 VAR 模型产生的每个残差序列估计单变量 GARCH 模型；第二阶段，使用在第一阶段估计的标准差变换的残差来估计动态相关系数。本处首先估计由 BRICS 股市收益率与美国股市收益率 6 个变量构成的 VAR 模型。在 R 软件中设定最大滞后阶数为 12[1]，最优滞后阶数根据 AIC 准则确定，最终滞后阶数为 3[2]。VAR 估计结果的特征根均小于 1，VAR 估计结果收敛，可以进行方差分解。

在估计动态相关系数时，为了选择合适的模型设定形式，估计单变量 GARCH 族模型（标准 GARCH、EGARCH、GJR – GARCH 等）时，根据对数似然值确定 GARCH 模型的设定形式。估计结果表明，EGARCH（1，1）模型的估计效果最好：EGARCH 模型的对数似然值最大，且 AIC 与 SC 准则最小。同时，EGARCH 模型还考虑了股市风险关于正负信息冲击的非对称

---

① 本书采用的数据为月频率数据，因此，这里设定最大滞后除数为 12。

② 受篇幅所限，这里省去 VAR（3）估计结果。

性及门限性①。基于此，本书采用 EGARCH（1，1）模型作为风险外溢与传染时变性的测度方法。各序列的 EGARCH（1，1）模型估计结果如表 4 - 4 所示。各模型的 γ 参数均非常显著，表明股市波动具有非常强的持续性与动量特征；参数 α 与参数 β 都非常显著，且 α 显著为负而 β 显著为正。参数 β 是对非对称效应的捕捉，表明负冲击（利空，$\varepsilon < 0$）对股票市场波动性显著大于正冲击（利多，$\varepsilon > 0$）对市场的影响，负向冲击对股市波动具有非常显著的杠杆效应。基于 Ljung - Box Q（2）与 Ljung - Box Q（5）的检验结果表明，各模型不存在显著的自相关问题；ARCH - LM（5）与 ARCH - LM（7）检验结果表明，各模型不再存在显著的 ARCH 效应。

表 4 - 4　　　　　　　　　单变量 EGARCH（1，1）模型估计结果

市场收益	ω	α	β	γ	Q（2）	Q（5）	ARCH - LM（5）	ARCH - LM（7）
RCHINA	- 0.4805 **	- 0.0625 ***	0.3654 ****	0.9204 ***	2.0588	3.2131	0.3772	0.9284
					(0.1551)	(0.1322)	(0.6752)	(0.5113)
RINDIA	- 0.0051 *	- 0.014 **	0.1330 ***	0.9937 **	1.3309	3.5911	2.508	4.274
					(0.3082)	(0.1314)	(0.2516)	(0.1204)
RRUSSIA	- 0.1463 **	- 0.0443 ***	0.3034 ***	0.9718 ***	5.67298	8.3852	4.1415	5.2143
					(0.1197)	(0.1012)	(0.1443)	(0.1027)
RBRAZIL	- 0.1967	- 0.0589 **	0.2136 ***	0.9609 ***	0.8646	1.9611	0.3183	1.1884
					(0.8672)	(0.5342)	(0.7488)	(0.3894)
RSAFRICA	- 0.0014	- 0.0622 *	0.0498 **	0.9817 ***	4.715	8.120	2.9998	3.9186
					(0.1364)	(0.1024)	(0.2139)	(0.1557)

注：Q（2）与 Q（5）统计量是 Ljung - Box Q（2）与 Ljung - Box Q（5）统计量，其原假设为：扰动项不存在自相关。GARCH - LM（5）与 ARCH - LM（7）原假设是：模型不存在 ARCH 效应。表中" *** "" ** "" * "分别表示在 1%、5%、10% 显著性水平上显著，表中括号为相伴概率。

图 4 - 3 给出了各个国家股市收益率的条件方差波动图。可以看出，各

---

① EGARCH（1，1）模型的设定形式如下：$\ln(h_t) = \omega + \alpha \dfrac{|\varepsilon_{t-1}|}{\sqrt{h_{t-1}}} + \beta \dfrac{\varepsilon_{t-1}}{\sqrt{h_{t-1}}} + \gamma \ln(h_{t-1})$。

国股市波动具有显著的集聚性，同时，各国的条件方差也表现出非同步性，表明各国之间的波动性具有异质性。BRICS与美国股市间的时变相关性为战略投资者动态调整其投资组合，优化配置全球资产提供了现实依据，也凸显动态资产管理的必要性。此外，值得注意的是，在1997年亚洲金融危机期间及2007—2009年美国次贷危机期间，各国均呈现出较大的波动，表现出较强的同步性，相关系数急剧上升，金融传染加剧。

尽管Engle（2002）等人提出的DCC-GARCH模型能够刻画国际资本市场间的动态相关关系，但是市场正负冲击所产生的非对称效应并未得到重视。基于单变量EGARCH模型产生的标准化残差项估计非对称aDCC模型，得到非对称动态相关系数。表4-5对aDCC进行了描述性统计分析，图4-5展示了美国与各金砖国家的非对称动态相关系数走势。可以看出，BRICS与美国之间的相关系数最低保持在0.31~0.46，最高保持在0.56~0.70。在BRICS中，巴西与南非是与美国保持最高相关性的国家。

表4-5　　　　　　　　　　非对称动态相关系数描述性统计

	BRAZIL_US	RUSSIA_USA	INDIA_USA	CHINA_USA	SAFRICA_USA
Min	0.4047	0.3728	0.3084	0.3956	0.4561
Max	0.6926	0.6342	0.5648	0.5942	0.6411
Range	0.2879	0.2613	0.2564	0.1986	0.1850
median	0.5342	0.4759	0.4312	0.5236	0.5360
Mean	0.5298	0.4772	0.4298	0.5198	0.5328
Var	0.0020	0.0018	0.0017	0.0011	0.0012
std. dev	0.0447	0.0423	0.0411	0.0338	0.0347
coef. var	0.0844	0.0887	0.0957	0.0650	0.0652
skewness	0.3382	0.3787	-0.1123	-0.8429	0.3514
kurtosis	1.2165	1.1753	1.1711	1.3876	0.2086
normtest. W	0.9762	0.9774	0.9619	0.9545	0.9796
normtest. p	0.0002	0.0002	0.0000	0.0000	0.0006

从图4-4可以看出，BRICS与美国的股市相关系数具有明显的时变性、波动性、集聚性与周期性，这与金融资产收益率的波动性、集聚性相似，

表明 BRICS 与美国间的金融相依结构与演化具有显著的非线性特征。从整个样本期看，BRICS 与美国的时变相关系数的变化兼具协同与分化两种动力特征。东南亚金融危机期间，印度与美国间的动态相关系数与其他四国——美国间的动态相关系数存在较为严重的分化。2005 年前后，India – US、Russia – US 两者与其他动态相关系数存在分化。2016 年前后，俄罗斯与美国间的动态相关系数与其他四国现出分化。其余样本期内，BRICS 与美国的时变相关系数表现出高度的协同变化特征，尤其是 2007—2015 年，BRICS 与美国间的动态相关系数表现出高度的同步性，金融传染突出。此外，时变相关系数的波动呈现出显著的周期性：1996—1999 年，受东南亚金融危机的影响，BRICS 与美国股市的相关系数同步性大幅上升，按照 Forbes 和 Rigobon（2002）的观点，相关系数的大幅度上升表明存在金融传染。除此之外，美国 2007—2009 年次贷危机期间，BRICS 与美国之间的相关系数也存在明显的同步上升特征，再次说明了传染的存在。总体上看，印度是与美国金融市场相关性最低的国家，而巴西与美国的相关系数最高，且波动区间最大。中国在加入世界贸易组后与美国的相关系数呈现渐近上升的态势，尤其在 2017 年后呈现大幅上升趋势。

4.4　各国股市动态网络连通性测度

这里借鉴 Diebold 和 Yilmaz（2014）的做法，以 1997 年 1 月至 2019 年 10 月为样本，以 100 个样本为窗口宽度，滚动估计 VAR（3），共估计 175 次，并进行方差分解。据此，可得到基于 VAR 模型的滚动方差分解矩阵 $D_{t-1}^{t+100} = [d_{ij}]_{N \times N}^{t}, t = 0, \cdots, 174$。在估计 VAR 模型时，模型识别对方差分解具有重要的影响。这里采用递归识别策略对 VAR 模型进行识别。递归识别策略的含义是指：VAR 模型中后一个变量新息不影响前一个变量，而前一个变量影响在此之后的所有变量。考虑到美国与 BRICS 的经济体量与影响力，这里根据美国与 BRICS 2018 年 GDP 的大小，确定 VAR 模型中各变量的顺序依次为 RUSA、RCHINA、RINDIA、RBRAZIL、RRUSSIA、RSAFRI-CA。基于该顺序的递归识别策略意味着，美国股市波动会对 BRICS 股市产生显著的金融传染，反之则不成立。中国股市会对其他金砖国家的股市产生显著性传染，反之不成立。这一假设也得到了当前大量文献的支持，即美国股市对其他发达国家股市及发展中国家股市存在明显的金融传染（Kenourgious 等，2007；Boubaker 等，2016；Kocaarslan 等，2017），而中国对美国并不存在显著的金融传染，同时中国对其他金砖国家有存在显著的金融传染（史沛然，2018；方立兵等，2015；刘湘云等，2015）。史沛然（2018）基于 DCC - GARCH 模型对金砖国家合作机制下的金融传染效应与动态相关性进行了研究，结果表明，金砖国家合作机制使得中国加大了对其他金砖国家的传染，而印度对巴西、俄罗斯与南非的传染性也得到了实证支持。方立兵等（2015）的研究也得出了结论：中国股市具有更高的系统重要性，即中国股市对其他金砖国家的风险影响最大，其他国家的风险传染则无显著差异。刘湘云等（2015）的研究结果表明，次贷危机全面爆发到欧洲债务危机爆发前，金融危机期间美国对 BRICS 存在显著的单向因果关系。以上研究为本章基于 GDP 对各变量进行排序提供了依据与支撑。

基于以上识别策略，得到 175 个方差分解表。依次提取 175 个方差分解表第 1 列，并进行列合并，转置得到不同时点上美国股市波动对 BRICS 与美国股市波动的影响份额；提取各表格第 2 列进行列合并，转置得到不同时点上中国股市波动对 BRICS 与美国股市波动的影响份额；提取各表格第 3 列进行列合并，转置得到不同时点上印度股市波动对 BRICS 与美国股市波动的影响份额；提取各表格第 4 列进行列合并，转置得到不同时点上巴西股市波动对 BRICS 与美国股市波动的影响份额；提取各表格第 5 列进行列合并，转置得到不同时点上俄罗斯股市波动对 BRICS 与美国股市波动的影响份额；提取各表格第 6 列进行列合并，转置得到不同时点上南非股市波动对 BRICS 与美国股市波动的影响份额。其中，各表格第 1 列的提取值表示不同时点上美国股市波动对 BRICS 股市波动的影响份额，即美国股市与 BRICS

股市波动的网络关联度。将以上各影响份额绘制为矩阵图,见图 4 - 6。从图 4 - 6 可以看出,除了美国之外,中国与印度已经成为解释其他国家股市波动的重要来源,这进一步验证了本章递归识别策略的合理性。一个可能的原因是,伴随着中国与印度经济体量的不断上升,中国与印度的开放程度与金融一体化程度加速,引进来与走出去双双发力,中国与印度资产更多地被纳入资产组合中,MSCI 指数中新兴市场国家尤其是中国市场指数不断扩容,提高了中国、印度等国对其他国家股市的影响程度。在图 4 - 6 的基础上,将图 4 - 6 各行求和得到美国与 BRICS 的 from 连接性(见图 4 - 7),将图 4 - 6 各列求和得到美国与 BRICS 的 to 连接性(见图 4 - 8),图 4 - 8 各国的 to 连接性减去图 4 - 7 各国 from 连接性得美国与 BRICS 的净连接性(见图 4 - 9)。将图 4 - 7 与图 4 - 8 对应各国的 from 连通性与 to 连通性相加得到美国与 BRICS 的总连通性(见图 4 - 10)。

观察图 4 - 7 至图 4 - 10 可得到以下结论:第一,美国与 BRICS 的连通性均呈现出波动性特征。从总关联度来看(见图 4 - 10),美国市场的总连通性在 0.6 ~ 2.3 之间波动,中国的总连通性在 0.6 ~ 1.4 之间波动,印度的总连通性在 0.5 ~ 0.85 之间波动,巴西的总连通性在 0.6 ~ 1.1 之间波动,俄罗斯的总连通性在 0.4 ~ 1.0 之间波动,南非的总连通性在 0.65 ~ 0.95 之间波动。第二,美国次贷危机期间,美国与 BRICS 的连通性表现出较强的同步性,美国与 BRICS 的连通性均呈现显著的快速上升趋势。由于 from 连通性反映的是一国对他国股市波动的吸收能力,to 连通性反映的是一国对其他各国股市的外溢性,因此,两者的上升表明次贷危机期间中国与美国股市的风险吸收与外溢显著上升,即金融危机期间各国的风险传递能力均显著上升。中国更是由金融危机前的风险净吸收国转变为金融危机后的风险净外溢国(见图 4 - 9)。第三,金融危机之后,美国与 BRICS 的 to 连接与 net 连接的走势出现分歧,但是总连接 total 与 from 连接仍然具有相似性与同步性。整个样本期内,印度、巴西、俄罗斯的 net 连通性均为负值,印度、巴西与俄罗斯在样本期内均为风险的净吸收者,这与本章的递归识别策略相吻合,即美国与中国是金融风险的净溢出者,而其他金砖国家为净吸收者,也说明美国次贷危机对 BRICS 股市形成重创,突出了金砖国家对全球股市稳定的重要性。此外,2017 年后,美国、中国、俄罗斯的 to 连接与净连接 net 均呈现下降趋势,但是巴西、印度的 to 连接与 net 连接均呈现上升趋势。由于我们重点研究美国股市波动对 BRICS 股市的传染,因此,这里重点关注美国股市与 BRICS 的网络连通性测度,即矩阵图 4 - 6 中的第 1 列。在得到各国金融网络连通性的基础上,这里对金融网络时变总连通性与时变条件相关系数进行格兰杰因果关系检验(见表 4 - 6),结果表明,BRICS 各国的金融网络连通性均在 1% 显著性水平上拒绝了"网络连通性不是非对称相关系数的格兰杰因果原因",同时接受了"非对称动态相关系数不是网络连通性变化的格兰杰原因"。这意味着,BRICS 金融网络连通性是时变相关系数的单向格兰杰原因,进一步印证了 Banerjee 和 Guhathakurta(2020)关于"金融网络结构性断点领先于金融危机爆发"的论断,从而为后文通过网络连通性解释动态相关系数奠定了基础。

表 4 - 6   美国—金砖五国网络连通性与非对称时

变相关系数格兰杰因果关系检验

H_0	F 统计量	P 值
中国网络连通性不是美国—中国非对称动态相关系数的格兰杰原因	16.1127	0.0000
美国—中国非对称动态相关系数不是中国网络连通性的格兰杰原因	0.4731	0.7554
印度网络连通性不是美国—印度非对称动态相关系数的格兰杰原因	17.8142	0.0000
美国—印度非对称动态相关系数不是印度网络连通性的格兰杰原因	1.0244	0.3981
巴西网络连通性不是美国—巴西非对称动态相关系数的格兰杰原因	17.1162	0.0000
美国—巴西非对称动态相关系数不是巴西网络连通性的格兰杰原因	0.9884	0.5410
俄罗斯网络连通性不是美国—俄罗斯非对称动态相关系数的格兰杰原因	12.7685	0.0000
美国—俄罗斯非对称动态相关系数不是俄罗斯网络连通性的格兰杰原因	1.2219	0.2714
南非网络连通性不是美国—南非非对称动态相关系数的格兰杰原因	16.1192	0.0000
美国—南非非对称动态相关系数不是南非网络连通性的格兰杰原因	0.8319	0.6128

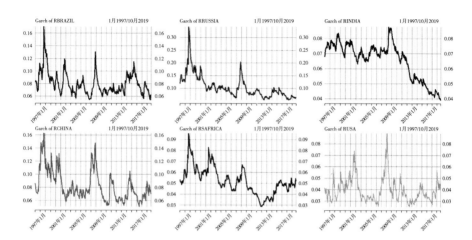

图 4 - 3　美国与 BRICS 股市收益条件方差波动图

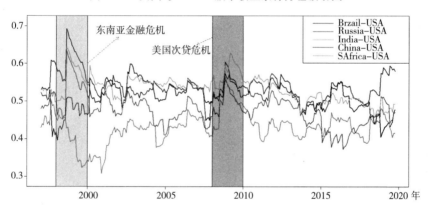

图 4 - 4　基于非对称 DCC（aDCC）模型 US - BRICS 的时变相关系数

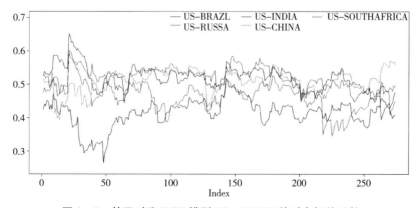

图 4 - 5　基于对称 DCC 模型 US - BRICS 的时变相关系数

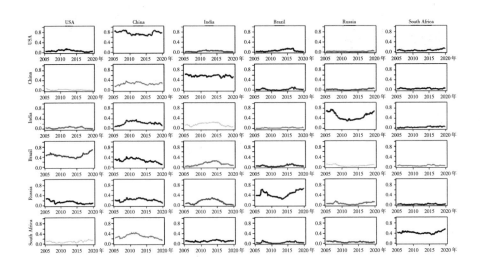

图 4 - 6　US - BRICS 两两动态关联矩阵图

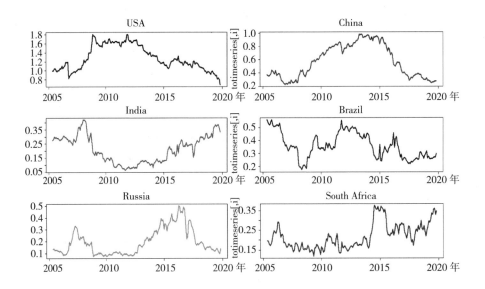

图 4 - 7　各国对其他国家股市波动的影响（To others）

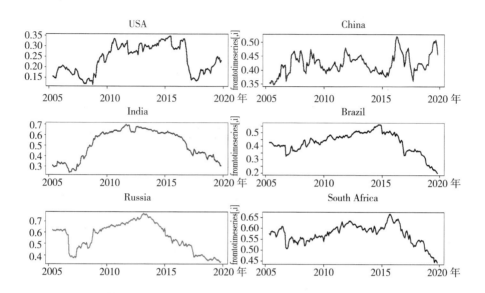

图 4 - 8　其他国家对本国股市波动的影响（From others）

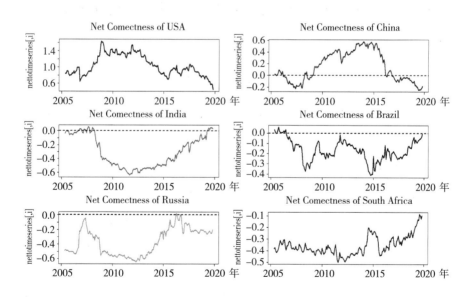

图 4 - 9　各国股市波动的净影响（Net ＝ to others － from others）

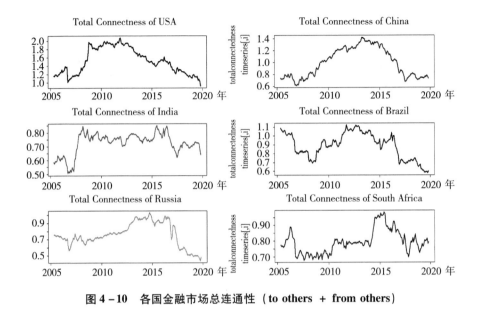

图4-10 各国金融市场总连通性（to others + from others）

4.5 美国与金砖五国股市传染机制实证分析：分位数回归

如前所述，网络连通性是非对称动态相关系数的单向格兰杰原因，这为通过网络连通性解释股票市场间的金融风险传染奠定了基础。在此基础上，以金融网络连通性表征金融市场网络结构，以非对称动态相关系数表征美国与 BRICS 之间的金融传染。采用分位数模型估计以石油价格收益 ROP、黄金价格收益 RGP、金融压力指数 FSI1、网络连通性 Connectedness 为解释变量，以非对称动态相关系数（aDCC）为被解释变量的回归模型，具体的分位数水平包括 5%、10%、25%、50%、75%、90% 和 95%，结果见表4-7。表4-7 Panel A 为美国—巴西金融传染影响因素估计结果；表4-7Panel B 为美国—俄罗斯金融传染影响因素估计结果；表4-7 Panel C 为美国—印度金融传染影响因素估计结果；表4-7 Panel D 为美国—中国金融传染影响因素估计结果；表4-7 Panel E 为美国—南非金融传染影响因素估计结果。

表 4 - 7　分位数回归结果

国家	分位数	intercept	RGP	ROP	FSI1	Connectedness	RGP* Connectedness	ROP* Connectedness	FSI* Connectedness
						Panel A			
US – BRAZIL	0.05	0.4188 ***	0.0499 ***	− 0.1110 ***	0.0221 ***	0.0454 **	− 0.0202 *	0.0151 *	0.0306 *
	0.10	0.4291 ***	0.0730 ***	− 0.0858 ***	0.0201 ***	0.0677 *	− 0.0213 *	0.0122 *	0.0317 *
	0.25	0.4449 ***	0.1088 ***	− 0.0567 ***	0.0209 ***	0.0916 *	− 0.0228 *	0.0237 **	0.0432 **
	0.50	0.4965 ***	0.0327 ***	− 0.0468 ***	0.0237 ***	0.4500 **	− 0.0301 *	0.0358 **	0.0505 **
	0.75	0.5448 ***	0.0218 ***	− 0.0185 ***	0.0154 **	0.8351 ***	− 0.0379 **	0.0378 **	0.0583 **
	0.90	0.5623 ***	0.0079 ***	− 0.0397 ***	0.0128 ***	0.9130 **	− 0.0549 **	0.0448 **	0.0593 ***
	0.95	0.5678 ***	0.0094 ***	− 0.0038 ***	0.0097 ***	0.9997 **	− 0.0582 **	0.0681 **	0.0686 ***
						Panel B			
US – RUSSIA	0.05	0.4467 ***	0.1275 ***	− 0.0046 ***	0.0126 ***	0.3396 *	− 0.0100 *	0.0099 *	0.0202 *
	0.10	0.4562 ***	0.1423 ***	− 0.0025 ***	0.0101 ***	0.4559 **	− 0.0111 *	0.0110 *	0.0213 **
	0.25	0.4699 ***	0.0718 ***	− 0.0457 ***	0.0154 ***	0.5114 **	− 0.0224 *	0.0223 **	0.0326 **
	0.50	0.4864 ***	0.0087 ***	− 0.0296 ***	0.0171 ***	0.5524 **	− 0.0296 **	0.0294 **	0.0397 **
	0.75	0.5139 ***	0.0002 ***	− 0.0029 ***	0.0108 ***	0.5957 **	− 0.0274 **	0.0273 **	0.0376 **
	0.90	0.5285 ***	0.0234 ***	− 0.0126 ***	0.0114 ***	1.0784 ***	− 0.0441 **	0.0440 **	0.0543 ***
	0.95	0.5318 ***	0.0741 **	− 0.0278 *	0.0126 ***	1.1027 ***	− 0.0473 **	0.0472 **	0.0575 ***
						Panel C			
US – INDIA	0.05	0.4116 ***	0.0672 ***	− 0.0740 **	0.0077 ***	0.0057	− 0.0102 ***	0.0101 *	0.0206 *
	0.10	0.4187 ***	0.0414 ***	− 0.0643 **	− 0.0106 **	0.0604	− 0.0113 ***	0.0112 *	0.0217 *
	0.25	0.4390 ***	0.0016 ***	− 0.0563 *	0.0141 ***	0.1204	− 0.0229 ***	0.0227 **	0.0333 **

65

续表

国家	分位数	intercept	RGP	ROP	FSII	Connectedness	RGP*Connectedness	ROP*Connectedness	FSI*Connectedness
US – INDIA	0.50	0.4450 ***	0.0256 ***	– 0.0063 ***	0.0266 ***	0.1360 ***	– 0.0302 ***	0.0301 **	0.0406 **
	0.75	0.4698 ***	0.0234 ***	– 0.0226 ***	0.0247 ***	0.2430 **	– 0.0280 ***	0.0279 *	0.0384 **
	0.90	0.4830 ***	0.0273 ***	– 0.0156 ***	0.0274 ***	0.1128 ***	– 0.0450 ***	0.0449 *	0.0554 **
	0.95	0.4851 ***	0.0673 ***	– 0.0210 ***	0.0268 ***	0.3452 **	– 0.0483 **	0.0482 *	0.0587 **
						Panel D			
US – CHINA	0.05	0.4504 ***	0.0.43 ***	– 0.0464 ***	– 0.0072 ***	0.0649 ***	– 0.0105 *	0.0104 ***	0.0213
	0.10	0.4977 ***	0.0242 ***	– 0.0463 ***	– 0.0099 ***	0.1296 ***	– 0.0117 ***	0.0115 ***	0.0224 *
	0.25	0.5098 ***	0.0131 ***	– 0.0279 ***	0.0097 ***	0.1408 ***	– 0.0235 *	0.0234 ***	0.0343 *
	0.50	0.5216 ***	0.0001 ***	– 0.0190 ***	0.0099 ***	0.3496 **	– 0.0311 ***	0.0310 **	0.0418 ***
	0.75	0.5377 ***	0.0417 ***	– 0.0072 ***	0.0064 ***	0.3565 ***	– 0.0288 ***	0.0287 **	0.0395 *
	0.90	0.5569 ***	0.0520 ***	– 0.0292 ***	– 0.0011	0.5482 ***	– 0.0464 ***	0.0462 **	0.0571 **
	0.95	0.5588 ***	0.0537 **	– 0.0264 ***	– 0.0014	0.5502 ***	– 0.0498 ***	0.0496 *	0.0605 ***
						Panel E			
US – SAFRICA	0.05	0.4742 ***	0.1421 ***	– 0.0545 **	0.0240 ***	0.0051 ***	– 0.0117 *	0.0116	0.0236 *
	0.10	0.4739 ***	0.1365 ***	– 0.0182 ***	0.0210 ***	0.0081 ***	– 0.0130 *	0.0128 *	0.0248 *
	0.25	0.4926 ***	0.0618 ***	– 0.0146 ***	0.0195 ***	0.2321 ***	– 0.0261 **	0.0260 **	0.0380 **
	0.50	0.5399 ***	0.0569 ***	– 0.0173 ***	0.0251 ***	0.3124 *	– 0.0345 **	0.0344 *	0.0464 *
	0.75	0.5580 ***	0.0122 ***	– 0.0062 ***	0.0329 ***	0.3221 **	– 0.0320 **	0.0318 **	0.0439 **
	0.90	0.5858 ***	0.0697 *	– 0.0249 ***	0.0352 ***	0.3250 ***	– 0.0515 ***	0.0513 **	0.0634 ***
	0.95	0.5986 ***	0.1109 ***	– 0.0115 ***	0.0393 ***	0.4283 ***	– 0.0552 ***	0.0551 ***	0.0671 ***

　　从表4-7估计结果看，各国分位数回归均表明：第一，美国金融压力、国际原油价格、黄金价格的变化是金融传染的重要影响因素。具体地，美国金融压力的上升显著地加剧了美国对 BRICS 的风险传染，石油价格上升显著降低了美国对 BRICS 的风险传染，黄金价格的上升则显著提高了美国对 BRICS 的风险传染。美国金融压力的上升增强了全球恐慌情绪的蔓延，导致循环性资产抛售行为，增强了各国股市的协动性，金融传染加剧；在短期供给稳定的情况下，石油价格的上升往往被视为需求上升的前瞻性信号，意味着经济基本面的改善向好，各国股市的波动性下降，美国对各国股市的风险传染性下降。但是，黄金价格的上升则加剧了美国对各国股市的风险传染，一个重要的原因在于黄金价格的上升更多的是反映投资者的避险情绪，意味着全球金融风险的上升，这导致各国股票市场协同性的上升。第二，金融连通性对金融传染具有显著的非对称正向影响，并且股票市场连通性的上升对高水平风险传染的影响更大。金融连通性的上升本质上反映了经济全球化与金融一体化进程中各国金融资产相似性与关联性的提高，这无疑会降低各国股市间的距离①以及分散化投资策略的效果，并加剧各国股市的协动性。第三，股票市场网络连通性强化了石油价格、黄金价格与美国金融压力对风险传染的影响。金融网络连通性对金融风险传染的影响不仅具有直接影响，还表现出显著的正向调节作用。第四，金融压力、石油价格、黄金价格、网络连通性对不同分位数水平上的风险传染具有显著的异质性。以上研究表明，国际金融市场网络结构的连通性不仅对风险传染具有直接的影响，而且构成了金融压力指数、石油价格、黄金价格等因子影响美国对 BRICS 风险传染的调节机制，该结论从金融市场网络结构视角丰富了资本市场风险传染的调节机制。金融一体化与经济全球化进程中，国际投资者对动态分散投资策略的推崇很大程度上提高了国际金

---

　　①　股票或股票市场间的距离可表示为 $d_{ij} = (1 - rho_{ij})^{-0.5}$，其中 rho_{ij} 表示股票或股票市场 i 与 j 的相关系数。

融市场网络连通性的时变性，全球金融网络的"复杂性系统"特征更加明显，风险溢出国金融压力、原油价格与黄金价格等金融风险因子、经济基本面因子与避险情绪因子对风险传染影响机制的非线性、时变性特征被进一步验证。第五，美国金融压力、黄金价格、石油价格与金融市场网络连通性的上升对高风险传染的影响远远大于对低风险传染的影响，表现为高分位数回归方程中的解释变量系数大于低分位数回归方程中的回归系数，进一步验证了金融传染机制的非线性与非对称性。当各国资产价格变化协同性较低（低风险传染）时，各影响因子对风险传染的影响更多由基本面区制主导；但是，随着各国资产价格协同性上升（高风险传染），各影响因子对风险传染的影响更多受行为因素与恐慌情绪驱动，对风险传染的影响要高于低分位数时的影响。这说明，随着金融系统性风险的上升，网络连通性的上升更能加快投资者行为趋同与恐慌情绪蔓延，从而加剧了系统的脆弱性。

进一步，这里采用面板分位数模型（见表4-8）进行稳健性检验。表4-8估计结果表明：美国金融压力、石油价格、黄金价格与金融连通性对金融风险传染具有显著的影响，除石油价格上升会降低股市风险传染外，其余因素的增强均会加剧风险传染；金融连通性对金融压力、石油价格、黄金价格影响风险传染具有显著的调节作用；各风险传染影响因子对高分位数的风险传染作用更强。

表4-8 面板分位数固定效应回归结果

变量	Tau = 0.05	Tau = 0.1	Tau = 0.25	Tau = 0.5	Tau = 0.75	Tau = 0.9	Tau = 0.95
Intercept	0.4600 ***	0.4778 ***	0.5052 ***	0.5325 ***	0.5505 ***	0.5705 ***	0.5787 ***
ROP	0.0208 ***	0.0132 ***	0.0079 ***	0.0060 ***	0.0181 ***	0.0375 **	0.0368 ***
RGP	- 0.0271 ***	- 0.0421 ***	- 0.0014 ***	- 0.0001 ***	- 0.0146 ***	- 0.0223 **	- 0.0227 ***
FSI	0.0151 ***	0.0146 ***	0.0136 ***	0.0173 ***	0.0208 ***	0.0181 ***	0.0175 ***
Connectedness	0.1381 ***	0.0186 ***	0.1219 ***	0.2518 *	0.1927 ***	0.2942 ***	0.3593 ***
RGP * Connectedness	- 0.0162 **	- 0.0103 ***	- 0.0062 ***	- 0.0047 ***	- 0.0141 ***	- 0.0293 ***	- 0.0287 ***
ROP * Connectedness	0.0211 **	0.0328 ***	0.0011 ***	0.0001 ***	0.0114 ***	0.0174 ***	0.0177 ***
FSI * Connectedness	0.0118 **	0.0114 ***	0.0106 ***	0.0135 ***	0.0162 ***	0.0141 ***	0.0137 ***

4.6　小结

本章首先采用 VAR – aDCC – EGARCH（1，1）模型利用美国与 BRICS 月度数据测度了 US – BRICS 股票市场非对称动态相关系数，以此表征金融传染，并借鉴 Diebold 和 Yilmaz（2014）框架测度了 US – BRICS 间的金融网络连通性。在此基础上，采用（面板）分位数回归模型实证检验了美国金融压力、原油价格、黄金价格与网络连通性对金融传染的影响。结果表明：美国对 BRICS 存在显著的金融传染，美国仍然是金融风险的净外溢国，US – BRICS 金融网络连通性与非对称动态相关系数具有显著的相关性与单向格兰杰因果关系；BRICS 金融市场网络连通性、黄金价格、金融压力对风险传染具有显著的正影响，国际石油价格的上升对风险传染具有显著的抑制作用。进一步研究发现，各国金融市场间的网络连通性具有周期性动态特征，这在很大程度上强化了经济基本面传染（石油价格）与投资者行为传染（金融压力与黄金价格）的作用效果，构成了石油价格、黄金价格与金融压力影响金融传染的调节机制。

第 5 章　房地产金融化背景下金融部门
网络连通性测度及风险传染路径研究

金融网络连通性对金融风险传染与预警意义重大。本书基于我国金融上市公司 2010 年 9 月至 2020 年 2 月的周数据,利用 DCC – MGARCH 与 Granger – Causality 构建包含房地产部门的金融有向权重网络,基于最小有向树分析了房地产市场发生不同程度冲击时的风险传染路径,并采用门限自回归模型实证检验了金融网络连通性的非线性自演化特征。结果表明,中国房地产部门对金融部门存在显著的金融传染,金融机构与房地产部门平均动态相关系数呈三峰状,市场对房地产业的预期正在逐渐分化,这种分化加剧了风险传染。中国金融网络具有显著的子部门集聚与幂律分布特征。房地产冲击的风险传染路径与冲击程度有关,极端冲击下的最小有向树具有明显的星状结构,小幅冲击则具有链状特征。同时,中国金融网络连通性具有显著的非线性、自演化动态调整特征,对股市未来收益与风险具有显著的预测作用,可作为先行指标对股市系统性风险进行预警。

5.1　引言与文献综述

1994 年墨西哥比索危机及 1997 年东南亚金融危机之后,大量的文献就开始关注金融风险传染问题,2008 年国际金融危机的爆发使金融传染再次受到关注(Upper,2010),其中金融传染机制与路径研究成为这一领域的热点话题。作为 2008 年国际金融危机的导火索，2007 年美国次贷危机一个重要启示是房地产业的过度金融化与泡沫化会引爆金融危机。随着我国市场化进程的加快，我国房地产金融化趋势日益明显，房地产逐渐偏离了"房住不炒"这一基本定位，商品属性逐渐被金融属性掩盖。《中国金融统计数据报告》表明，2014—2017 年房地产贷款占中国全年贷款增量的比重分别为 23%、26%、45%、39%。尽管我国自 2015 年开始了去杠杆进程，但是这一比例在 2020 年 6 月仍高达 25%，仍高于 2014 年的水平。随着我国去杠杆与供给侧结构性改革的持续推进，"房住不炒"理性认识逐步回归，金融部门在房地产业的资产增值受限，不良资产上升。房地产业对金融部门的高度依赖以及金融资产在房地产部门的高度集中，使得房地产部门成为中国金融部门风险的潜在传染源或触发器（Lautier 和 Raynaud，2013；Adrian 和 Brunnermeier，2016）。房地产业与金融部门的同步波动性与风险传染上升，研究房地产金融化背景下的我国金融部门风险传染路径对于防范和化解系统性风险具有重要的现实意义。

作为复杂系统，金融网络的结构及连通性对金融传染意义重大（Battiston 等，2013）。基于网络科学与计量经济学构建金融机构间的网络，并进行连通性建模，为研究金融机构之间的风险传染路径提供了新的研究途径。金融传染路径与金融网络的结构有关（Battiston 等，2013），不同的金融网络结构会形成不同的传染路径与传染机制。当前的金融风险传染要么基于负债端实现，要么基于资产端实现（Upper，2010）。前者往往以银行破产为切入点，具体包括多重均衡机制（Diamond 和 Dybvig，1983）、流动性共同池机制（Ahgion 等，2000；Brunnermeier 和 Pedersen，2009）、资产质量信息机制（Chen，1999）、资产组合再平衡机制（Kodres 和 Pritsker，2002）以及潜在借款人的策略行为机制（Acharya 等，2008）等。后者则包括直接效应机制与间接效应机制，直接效应包括银行间借贷（Rochet 和 Tirole，1996）、支付系统（Bech 和 Garratt，2006）、证券清算（Northcott，2002）、衍生品敞口（Blavarg 和 Nimander，2002）、交叉持股等，间接效应主要表现为资产价格（Cifuentes 等，2005；Fecht，2004）。

负债端机制多基于银行资产负债表构建银行间网络，并对银行系统性风险的形成机理、银行网络的稳定性、银行网络的拓扑结构特征进行了深入研究（Acemoglu，2015；Acharya，2012；Allen，2012；王晓枫等，2015；于剑南等，2019；鲍勤和孙艳霞，2014；黄飞鸣，2019；马钱挺等，2018；唐振鹏等，2016）。Acemoglu（2015）基于银行间借贷关系构建了银行间网络，分析结果表明，只要影响金融机构的负面冲击的程度足够小，银行间的连通性越紧密，意味着银行间负债更为多元，越能促进金融系统的稳定性。但是，当负面冲击超过某一阈值后，金融系统将变得非常脆弱，系统性金融风险产生的概率大大上升。该研究表明，银行间网络的连通性与金融稳定性之间存在非线性关系，网络连接密度与网络连通性的度对网络稳定性具有重要影响。Affinito 和 Pozzolo（2017）利用意大利银行双边头寸数据构建了银行网络，分析了国际金融危机对银行网络连通性的影响。结果表明，美国次贷危机尤其是雷曼兄弟的破产显著降低了意大利银行间的网络连通性，银行系统中心性向左漂移。金融危机之后，银行间的网络连通性逐渐恢复。Allen 等（2019）基于欧盟银行间市场网络的研究结果表明，各国银行间市场的差异可以用各国市场参与者对本国金融体系稳定性的信任解释，一国银行间网络的密度与信任程度相关。各国银行间的信任效应依赖于银行间市场的网络结构。位于网络中心的银行受信任的影响远远大于边缘银行，银行处于社群中会提高参与者对其的信任。Bargigli 等（2016）基于银行间资产与负债数据构建了意大利银行间多层网络，基于极大熵方法研究了各层网络的中介性与特征向量中心性，并在各层网络之间进行了比较。结果表明，不同层网络的拓扑结构具有相似性。若干中等规模的银行在不同层的网络中具有不同的位置。中介中心性与度的相关性大于特征向量中心性，特征向量中心性受度、强度及银行规模的影响较小。当然，除了部分研究利用意大利及欧盟区真实的银行间数据进行网络分析之外，大多数研究多采用诸如极大熵方法或极小密度法对银行间网络进行模拟仿真研究（Upper 等，2011；Degryse 等，2007；黄玮强等，2019；鲍勤等，2014；隋聪等，2014；谦永辉等，2016）。Upper 等（2011）首次使用最大熵法对德国银行业进行了最大熵网络构建，发现政府对储蓄的担保降低了风险传染。Degryse 等（2007）对比利时银行业的最大熵网络分析结果表明，允许大银行不倒闭会降低风险传染。鲍勤等（2014）基于极大熵理论建立的中国银行间网络具有核辐特征，且层级网络加大了风险传染范围。极大熵方法假设网络为完全网络，这与实际情况存在偏差，真实的银行间网络存在稀疏性（Craig 等，2014）。黄玮强等（2019）基于中国银行业资产负债表数据，将最大熵法与最小密度法进行比较，发现最小密度法网络具有连接稀疏性、异向连接性与无标度特征，风险传染范围更大，传染强度更强。

基于银行间网络构建的负债端机制研究一直面临着银行间数据获得困难这一挑战（Battiston 等，2018）。为此，另一部分研究利用金融类上市公司如银行、券商、保险公司等的股票交易数据构建金融网络，并对网络拓扑结构进行分析（Habiba，2020；Jia，2018；Katircioglu，2019；Khan，2019；Liu，2020；Xu，2017；王子丰和周晔，2018；蒋海和张锦意，2018；卜林等，2020）。Kumar 和 Deo（2012）基于随机矩阵理论 RMT 及网络方法构建了全球 20 个金融指数的网络，并分析了次贷危机前与次贷危机后的网络结构变化。在网络构建中，基于相关系数的门限值方法被用于过滤金融网络中连接噪声。结果表明，RMT 网络的前两大特征向量对应着两个方向相反的凝聚子群。在危机前，金融网络可分为美洲、欧洲与亚太三个子群。而在危机期间，美洲与欧洲合并为一个子群。同时，危机前的最小生成树更具有星状结构，而在危机后更具有链状结构。Xu 等（2017）基于香港股票市场行情数据的相关性，构建了香港股市静态网络与动态网络，并分析了拓扑结构特征。在构建股票市场网络时，采用了 P 门限法对股票之间的连接噪声进行过滤，从而构建了不同显著性水平下的股票市场网络。研究结果表明，中国香港股票市场的小世界特征非常明显，且呈现出动态演化态势。

网络连通性的变化与主要的金融危机相吻合，为基于网络结构预警金融风险奠定了基础。与 Xu 等（2017）不同，Kenett 等（2015）基于美国、英国、日本与印度各国股票的偏相关系数构建了金融网络，并研究了股票市场网络结构与市场稳定性间的关系。结果表明，发达市场如美国、英国与日本相对于发展中国家如印度具有更强的稳定性。同样，Chen 等（2015）基于股票异常收益的相关系数构建了股票市场复杂网络，借用社会网络中的中心性表征行业连通性，结果表明行业相似性与收益、股票中心性与股票收益间存在强烈的相关性，丰富了资本资产定价模型。除了基于相关系数与偏相关系数构建股票或股票市场网络外，基于 DY 框架（2014）的网络构建也得到极大推广。Diebold 和 Yilmaz（2014）基于 VAR 模型及广义方差分解方法构建了金融市场网络，并通过入度、出度、总度刻画网络的结构与性质。在此基础上，Diebold 和 Yilmaz（2018）进一步估计并构建了全球股票市场波动网络图。具体地，采用 Garman 和 Klass（1980）实现波动率建立网络连接，并通过 LASSO－VAR 算法缓解了变量过多可能存在的稀疏性问题。自此，基于 DY 框架的网络构建在经济金融领域得到快速推广。除了 DY 框架外，基于主成分分析与格兰杰因果检验的有向权重网络构建也得到了重视（Billo 等，2012）。Billo 等（2012）基于主成分分析与格兰杰因果关系检验构建了银行、保险、证券等上市金融机构间的金融网络，并分析了其拓扑结构。结果表明，各金融部门的连通性均非常高，且具有时变性，能够较好地预测危机时期。王子丰和周晖（2018）基于日对数收益率及 Graphical Lasso 算法建立了高维金融网络，结果表明，中美银行间关联性较低，系统性风险跨境传染路径较少，金融危机期间的小世界效应与网络密度增强。蒋海和张锦意（2018）基于分位数回归与 LASSO 算法构建我国上市银行尾部关联网络，分析了网络连通性与拓扑结构，表明银行尾部关联性与系统性风险之间显著正相关，大银行具有明显的尾部风险外溢效应。卜林等（2020）则采用 LASSO－ΔCoVaR 方法构建全球股票市场网络，研究风险传递路径。结果表明，我国股市与全球股市的关联较弱，法国等欧洲国家是风险传递关键节点。

以上关于金融网络的构建为我们的研究奠定了扎实的理论基础。但是在网络构建方面，仍然存在以下方面拓展：第一，现有的动态网络构建多采用滚动窗口估计法，使得研究结果对窗口宽度的选择具有一定的敏感性，影响了结论的稳健性，而 DCC‒MGARCH 模型对动态相关系数的估计在很大程度上弥补了滚动窗口宽度任意确定导致的结果稳健性问题。同时，MGARCH 模型的应用考虑了股市收益率的尖峰厚尾特征，更能捕捉尾部相关性，而基于相关系数与偏相关系数的网络构建对收益率的厚尾特征考虑不足。第二，在网络连接噪声的滤波方面，现有研究主要包括基于相关系数或偏相关系数的 t 门限法或 P 门限法，这里采用格兰杰因果关系检验的 P 门限法，更看重不同金融机构之间的风险传染与因果方向。第三，现有部分研究虽然突出了网络连通性与系统性风险的关系，但是对金融网络连通性的自演化、自实现特征关注不够，这里采用自激励门限自回归模型对这一特征进行实证检验，以验证我国金融网络是否存在自演化自实现特征（Goldstein 和 Pauzner，2004）；此外，对于网络连通性是否可以预测未来股市波动，也是本书的另一深化。第四，国内关于金融部门风险传染的研究大多将房地产部门排除在外，这与我国当前房地产部门在国民经济中的位置、房地产调控在金融系统性风险防范中的作用不符。尽管房地产部门不属于金融业，但是房地产金融化或房地产业对金融的高度依赖使其构成了金融部门的最重要的外部冲击源之一，将房地产部门纳入金融部门网络连通性的研究中更接近现实。

5.2 有向权重网络构建方法

5.2.1 基于 DCC‒MGARCH 模型的动态相关系数

有向权重网络的构建一直是金融风险网络传染路径研究的关键。近年来，基于相关性分析的关联网络推断为我们提供了借鉴。记 X 为一个网络 V 中节点的某属性（本文股票收益率），该属性（连续随机变量）在不同的节点具有不同的取值。据此，可定义任意两节点对之间的相似性为 $\rho_{ij} = \sigma_{ij}/$（$\sqrt{\sigma_{ii}\sigma_{jj}}$），$\sigma_{ij}$ 表示股票 i 与股票 j 的协方差，σ_{ii}、σ_{jj} 表示股票 i 与股票 j 的方差。给定一定的显著性水平，当相关系数显著不为零时，表明节点 i 与节点 j 之间存在关联，且相关系数绝对值越大表明该关联的权重越大。但是，简单相关系数没有考虑到金融网络的时变性，同时简单相关系数没有考虑收益率序列的尖峰厚尾特征，因此，本书采用 DCC - MGARCH 模型估计动态相关系数，据此确定节点之间是否关联以及关联的程度。DCC - MGARCH 模型表达如下：

假设资产收益率序列 r_t 未预期到的冲击为 ε_t，该冲击的波动率矩阵为 $\sum_t = [\sigma_{ij,t}]$，条件相关矩阵为

$$\rho_t \mid F_{t-1} = D_t^{-1} \sum_t D_t^{-1} \tag{5.1}$$

式中，F_{t-1} 表示上一期的信息集；$D_t = diag\ \{\sigma_{11,t}^{\frac{1}{2}}, \cdots, \sigma_{kk,t}^{\frac{1}{2}}\}$ 表示多元波动率对角矩阵。DCC 模型可描述如下（Engle，2002）：

$$Q_t = (1 - \theta_1 - \theta_2)\overline{Q} + \theta_1 Q_{t-1} + \theta_2 \eta_{t-1}\eta'_{t-1} \tag{5.2}$$

$$\rho_t = J_t Q_t J_t \tag{5.3}$$

其中，ρ_t 是 η_t 的动态相关系数。其中，η_t 是 ε_t 标准化后的冲击向量，且 $\eta_t = \epsilon_t/\sqrt{\sigma_{ii,t}}$。$\overline{Q}$ 表示 η_t 的无条件协方差矩阵；θ_1 与 θ_2 为非负实数，且 $0 < \theta_1 + \theta_2 < 1$，从而保证 $\overline{Q}$ 正定且满足均值回归特征。$J_t = diag\ \{q_{11,t}^{\frac{1}{2}}, \cdots, q_{kk,t}^{\frac{1}{2}}\}$ 为简单归一化矩阵，$q_{ii,t}$ 是 Q_t 的第 i 个主对角线元素。

DCC 模型的动态相关性主要由参数 θ_1 与 θ_2 决定。模型的估计可采用两步法：第一步，采用 MGARCH 模型获得冲击序列 ϵ_t，并得到波动率序列 $[\sigma_{ij,t}]$；第二步，建立动态相关性模型，估计波动率的动态相关性。

5.2.2　基于格兰杰因果关系检验的方向确定

为了研究风险的动态传染路径，除了要测算金融机构之间网络连接的强度，还需要确定网络连接的方向。为此，这里使用格兰杰因果检验，根据两个时间序列间的相互预测能力进行统计上的因果性研究。

在有效资本市场中，资产价格的短期变化不应当与其他变量的滞后变量相关，因此，理论上各金融机构股票收益之间不应当存在统计上的因果关系。但是，在存在风险价值约束或其他市场摩擦的情况下（如交易成本、借贷约束、信息收集与处理成本、卖空制度约束），有可能存在资产价格之间的格兰杰因果关系。此外，由于市场摩擦的存在，资产收益的可预测性并不能完全被套利。因此，资产收益的格兰杰因果关系程度可以被视为资本市场中收益外溢效应的代理变量（Danielsson，Shin 和 Zigrand，2011；Battiston 等，2009；Buraschi 等，2010）。当外溢效应越大时，金融机构之间的连接越紧密，系统性事件的影响就越大（Castiglionesi，Periozzi 和 Lorenzoni，2009；Battiston 等，2009）。

基于以上分析，我们利用格兰杰因果关系检验测度金融机构之间的网络连接性与连接方向，以捕捉收益外溢的滞后传染效应，即金融机构之间的格兰杰因果关系网。

考虑标准的 GARCH（1，1）模型为基准模型：

$$R_{it}\,|I_{t-1}^s = \mu_i + \sigma_{it}\varepsilon_{it},\varepsilon_{it} \sim WN(0,1)$$

$$\sigma_{it}^2\,|I_{t-1}^s = \omega_i + \alpha_i(R_{it-1} - \mu_i)^2 + \beta_i\sigma_{it-1}^2 \qquad (5.4)$$

其中，I_{t-1}^s 表示金融系统 t–1 期可得信息集。由于我们的动机为金融机构之间的格兰杰关系网，我们重点关注一个机构的冲击对另一个机构的动态传染。

拒绝或接受格兰杰因果关系检验是在统计上识别各金融机构之间是否存在格兰杰因果关系网络连接的最简单方式。如果存在因果关系，意味着

第 i 个机构收益线性地依赖于第 j 个机构收益的历史值，即

$$E\left[R_{it}\mid I_{t-1}^{s}\right] = E\left[R_{it}\mid\left\{\left(R_{it}-\mu_{i}\right)^{2}\right\}_{1=-\infty}^{t-2}, R_{it-1}, R_{jt-1},\left\{\left(R_{jt}-\mu_{j}\right)^{2}\right\}_{1=-\infty}^{t-2}\right]$$

(5.5)

定义如下因果示性函数：

$$(j\rightarrow i) = \begin{cases} 1, j\ Granger\ i \\ 0 \end{cases}$$

(5.6)

以上示性函数可用于定义 N 个金融机构（节点）之间的网络连接。在获得两两节点间是否关联、关联程度（权重）、关联方向后，我们可以构建我国含有房地产部门的金融部门有向权重网络。

不失一般性，模型（5）可推广至多阶滞后模型，即金融机构股市收益的多阶滞后值对另一金融机构的股市收益存在预测关系，这在某种程度上降低了模型设定偏误。具体地，根据贝叶斯信息准则（Schwarz，1978）BIC 选择模型的滞后阶数，并通过 F 检验对是否存在因果关系进行检验。

5.3 样本数据的获取

5.3.1 数据说明

按照 Wind 行业分类，截至 2019 年底，我国共有金融类上市公司 110 家，上市最早的为平安银行（1991 年 4 月），上市最晚的为中国太保（2018 年 7 月）。样本的选择面临着样本长度与样本代表性之间的权衡问题。为此，本书考虑以下因素确定样本：第一，所用样本要体现我国金融体系以银行为主导的特征，因此，工商银行、农业银行、中国银行、建设银行、交通银行等应当纳入样本。第二，样本的构成应当体现我国金融体系尤其是银行体系的改革历程，要尽可能多地包含浦发、招商、兴业、华夏、中信、光大、平安、民生等股份制商业银行，以及北京银行、南京银行、宁波银行等城市商业银

行。基于以上两点，在包含国有商业银行、部分股份制商业银行与城市商业银行的情况下，以四大国有商业银行中农业银行（上市最晚，2010 年 8 月 18 日）的上市日期为样本期的起点，即选择 2010 年 8 月 18 日以前上市的所有金融公司为样本。该样本考虑了我国金融体系以银行业为主的特征，符合我国金融业现实状况。第三，考虑到美国次贷危机中房地产泡沫的导火索作用以及我国房地产业对系统性金融风险防范的重要作用，这里将以上样本期内的房地产板块股票价格指数纳入样本，从而更完整地勾勒我国金融体系的网络结构，并对系统性风险的网络结构作更全面的分析。

数据获取与处理如下：首先，利用 Wind 数据终端查询所有金融类上市公司交易数据，将 2010 年 8 月 18 日以来上市的金融公司剔除，仅保留 2010 年 8 月 18 日及以前有连续交易记录的金融公司，最终确定样本区间为 2010 年 9 月 3 日至 2020 年 2 月 23 日；其次，将剩余公司按 2019 年底的股票流通市值进行降序排列，取累计市值占金融类上市公司总市值达到 85% 的公司纳入研究样本。经过以上筛选，样本包括 36 家上市金融公司，其中国有商业银行 5 家、股份制商业银行 8 家、城市商业银行 3 家、证券公司 15 家、保险公司 4 家、多元资本市场 1 家。该样本在考虑我国金融体系特征的同时，尽可能多地将金融类上市公司囊括进来。经测算，36 家金融上市公司 2019 年末市值占 A 股总市场比重为 80%，占总流通市值比重为 85%，具有较好的代表性。样本信息见表 5－1。需要注意的是，由于本章所建的金融网络包含 37 个节点，这要求在每个时点上估计 666 个相关系数，并进行 1332 次格兰杰因果关系检验。因此，这里采用 R 语言编程进行批处理，以提高效率。

表 5－1　　　　　　　　36 家金融类上市公司列表

代码	名称	Wind 四级行业	代码	名称	Wind 四级行业
ICBC	工商银行	多元化银行	ZGTB	中国太保	多元化保险
ABC	农业银行	多元化银行	HTAS	华泰证券	投资银行业与经纪业

代码	名称	Wind 四级行业	代码	名称	Wind 四级行业
BOC	中国银行	多元化银行	ZSS	招商证券	投资银行业与经纪业
CBC	建设银行	多元化银行	GFS	广发证券	投资银行业与经纪业
JTB	交通银行	多元化银行	DFF	东方财富	投资银行业与经纪业
ZSB	招商银行	多元化银行	GTC	国投资本	投资银行业与经纪业
XYB	兴业银行	多元化银行	GDS	光大证券	投资银行业与经纪业
PFB	浦发银行	多元化银行	CJS	长江证券	投资银行业与经纪业
ZXB	中信银行	多元化银行	XNS	西南证券	投资银行业与经纪业
GDB	光大银行	多元化银行	GJS	国金证券	投资银行业与经纪业
HXB	华夏银行	多元化银行	GYS	国元证券	投资银行业与经纪业
PAB	平安银行	多元化银行	GHS	国海证券	投资银行业与经纪业
NJB	南京银行	多元化银行	YXJ	越秀金控	投资银行业与经纪业
MSB	民生银行	多元化银行	TPY	太平洋	投资银行业与经纪业
NBB	宁波银行	区域性银行	WKC	五矿资本	多元资本市场
BJB	北京银行	多元化银行	HTOS	海通证券	投资银行业与经纪业
ZGRS	中国人寿	人寿与健康保险	TMC	天茂集团	人寿与健康保险
ZGPA	中国平安	多元化保险	ZXS	中信证券	投资银行业与经纪业
FDC	房地产板块价格指数				

5.3.2 描述性统计分析

为了充分捕捉金融部门连通性的动态演化特征，这里在现有日交易行情基础上提取周频率数据，利用周度数据进行研究。具体地，利用每周最后一个交易日的收盘价计算对数收益率，得到 37 个长度为 475 周的时间序列数据。对各上市金融机构及房地产板块价格指数的收盘价进行对数差分，获得各变量的对数收益率。表 5 - 2 给出了 37 个对数收益率的描述性统计分析结果。由表 5 - 2 可以看出，尽管所有收益序列的平均值几乎接近于 0，但是各股收益率均不服从正态分布，这可以从偏度、峰度统计量、Shapiro -

Wilk 检验结果看出。所有的 Shapiro – Wilk 检验均在 1% 显著性水平上拒绝了"原序列服从正态分布"的原假设。此外，与其他有关金融时间序列研究结果相似，峰度统计量表明本章所选样本都具有显著的尖峰厚尾特征，主要表现为 1% 分位数是最低收益率的 1.3 ~ 8.8 倍，表明最低收益距离 1% 分位数下偏非常远，最高下偏 8.8 倍。此外，最高收益与 99% 分位数之比处于 1.2 ~ 5，表明最高收益上偏 99% 分位数也较大。但是，与现有研究不同，本处所选样本并非都具有 ARCH 效应，这可以从 ARCH – LM 检验统计量及其相伴概率看出，平安银行、国海证券、国元证券、广发证券、长江证券、浦发银行、华夏银行、民生银行、西南证券、宁波银行、太产洋、兴业银行、北京银行、中国平安 14 只股票的 ARCH – LM 卡方统计量及相伴概率均没有拒绝"原序列不存在 ARCH 效应"的原假设。一个重要的原因可能在于本处所选用的数据为周频数据，从而无法捕捉股票收益率在更短期时期内的集聚效应。这又恰恰表明，我国金融类股票价格的波动有可能具有更加短期内的波动集聚效应。进一步观察表 5 – 2 发现，规模较大的商业银行其厚尾特征要小于规模较小的金融机构，这表明上市公司股票价格波动程度与其规模有关，规模越大的公司由于市值或流通市值较大，资产配置更分散化，投资更具有战略性，稳定性较强。

　　图 5 – 1 对序列的波动趋势进行了展示，各子图分别展示了不同金融上市公司股票收益率序列及房地产板块收益率序列的走势，各子图中黑色水平线为金融上市公司股票收益率序列均值，两条虚线分别表示 95% 置信区间。此外，为了揭示房地产行业变化与股票收益波动间的关系，各子图均标识了各金融上市公司股票收益率与房地产板块股票收益率相关系数，最大值为光大证券与房地产板块间的相关系数 0.36，最小值为东方财富与房地产板块间的相关系数 0.14。36 幅子图中，相关系数最高的前 5 家机构分别为光大证券、海通证券、浦发银行、光大银行、招商证券，相关系数最低的 5 家机构分别为东方财富、中国工商银行、中国银行、越秀金控、天茂集团。与房地产板块相关性在 0.2 以上的金融机构有 33 家。以上分析表明，

不同金融上市公司与房地产业的相关系数处于区间（0.14，0.36），我国金融系统上市公司与房地产业发展存在较强的协动性，房地产业调整给金融系统带来冲击以及由此产生系统性风险可能性非常高。此外，证券公司股票收益率的波动最为剧烈，其次为保险公司，最后为银行。这与我国金融业的分业经营模式有关，证券公司自营业务在逐利动机的驱使下，会加大其杠杆调整行为，资产配置同构是其波动性、相关性较高的重要原因之一。

为了进一步观察各股票之间的相关性，图 5 - 3 给出 37 个变量的相关系数矩阵图，并对各股票之间的相关性进行了聚类分析，图中阴影面积越大表明相关系数越大。通过该图可以得到以下三点结论：第一，金融上市公司、房地产板块等 37 只股票收益率序列两两之间成正相关关系，表明金融系统与房地产市场存在较强的协动性，存在房地产波动导致系统性风险传染的可能性。第二，金融上市公司、房地产板块等 37 只股票收益率两两之间的相关性存在较强的异质性与聚类性质。银行类股票与证券类股票之间的相关性要低于银行类内部及证券类股票内部的相关性。相对于证券类上市公司，上市银行之间的股票收益率相关性远远大于证券类上市公司股票收益率之间的相关性。第三，银行系统子网络与证券系统子网络内均存在部分节点与另一子网络的部分节点间存在较高的相关性，从而成为子系统间风险传染的重要节点。例如，与房地产（FDC）相关性最高的光大证券（GDS）也与大部分银行存在较高的相关系数，因此，当房地产行业面临较大的下行压力时，光大证券的资产抛售行为很可能会迅速传染至银行系统。可见，识别重要的风险传染点对于预警与防范系统性风险的意义重大。

表5-2 描述性统计分析

	mean	sd	min	max	skew	kurtosis	Q0.01	Q0.99	Min/Q0.01	Max/0.059	normtest.W	normtest.p	Chi2(12)	P-Chi(12)	Chi(24)	P-Chi(24)
PAB	-0.0001	0.022	-0.233	0.085	-2.190	26.859	-0.056	0.059	4.19	1.46	0.83	0.00	14.31	0.28	19.70	0.71
TMC	0.0001	0.027	-0.137	0.207	0.655	9.814	-0.079	0.080	1.72	2.58	0.88	0.00	62.55	0.00	104.40	0.00
GYS	-0.0003	0.025	-0.170	0.093	-0.930	7.625	-0.074	0.059	2.29	1.56	0.91	0.00	18.20	0.11	22.11	0.57
GHS	0.0001	0.039	-0.366	0.486	2.539	68.099	-0.090	0.083	4.09	5.85	0.61	0.00	0.24	1.00	0.69	1.00
GFS	-0.0006	0.028	-0.321	0.146	-2.469	34.394	-0.071	0.063	4.51	2.32	0.81	0.00	2.11	1.00	2.82	1.00
CJS	-0.0004	0.028	-0.332	0.119	-3.154	41.142	-0.070	0.072	4.76	1.66	0.79	0.00	1.46	1.00	10.33	0.99
YXJK	-0.0010	0.030	-0.203	0.207	-0.063	13.100	-0.083	0.081	2.45	2.55	0.84	0.00	39.79	0.00	49.20	0.00
NBB	0.0007	0.019	-0.118	0.103	-0.309	6.872	-0.044	0.051	2.68	2.01	0.92	0.00	32.46	0.00	62.85	0.00
DFF	-0.0011	0.043	-0.334	0.207	-1.712	15.086	-0.154	0.108	2.18	1.92	0.81	0.00	4.33	0.98	5.95	1.00
PFB	-0.0002	0.017	-0.135	0.102	-0.606	11.075	-0.040	0.042	3.34	2.42	0.90	0.00	2.32	1.00	4.01	1.00
HXB	-0.0004	0.018	-0.150	0.083	-0.885	12.724	-0.042	0.050	3.60	1.66	0.89	0.00	8.70	0.73	13.40	0.96
MSB	0.0001	0.016	-0.092	0.108	0.083	8.840	-0.041	0.044	2.23	2.43	0.89	0.00	15.55	0.21	50.14	0.00
ZXS	0.0006	0.023	-0.089	0.117	0.546	4.024	-0.060	0.063	1.50	1.85	0.94	0.00	51.36	0.00	57.61	0.00
ZSB	0.0009	0.016	-0.060	0.081	0.541	2.505	-0.035	0.045	1.74	1.81	0.97	0.00	27.52	0.01	59.28	0.00
GTC	0.0002	0.032	-0.129	0.207	1.473	10.214	-0.077	0.100	1.69	2.07	0.85	0.00	140.06	0.00	149.88	0.00
CJS	-0.0004	0.029	-0.313	0.095	-2.647	27.077	-0.074	0.074	4.20	1.28	0.83	0.00	1.97	1.00	4.46	1.00
XNS	-0.0009	0.027	-0.312	0.203	-1.995	40.570	-0.063	0.051	4.97	4.00	0.76	0.00	2.44	1.00	3.85	1.00
WKC	-0.0005	0.034	-0.270	0.203	-0.583	13.317	-0.093	0.091	2.89	2.22	0.85	0.00	50.92	0.00	57.59	0.00

续表

	mean	sd	min	max	skew	kurtosis	Q0.01	Q0.99	Min/Q0.01	Max/0.059	normtest.W	normtest.p	Chi2(12)	P-Chi(12)	Chi(24)	P-Chi(24)
HTOS	0.0004	0.022	-0.078	0.093	0.306	2.275	-0.060	0.070	1.30	1.32	0.96	0.00	41.86	0.00	52.35	0.00
ZSS	-0.0001	0.023	-0.122	0.133	0.482	6.539	-0.053	0.058	2.29	2.31	0.92	0.00	29.46	0.00	30.89	0.16
NJB	-0.0003	0.022	-0.271	0.075	-4.535	53.678	-0.053	0.046	5.12	1.63	0.72	0.00	0.18	1.00	0.57	1.00
TPY	-0.0011	0.027	-0.174	0.149	-0.452	10.248	-0.074	0.078	2.37	1.93	0.87	0.00	6.93	0.86	13.97	0.95
XYB	-0.0003	0.023	-0.278	0.087	-4.777	56.354	-0.038	0.048	7.25	1.79	0.69	0.00	0.18	1.00	0.65	1.00
BJB	-0.0008	0.017	-0.113	0.055	-1.164	8.457	-0.061	0.044	1.85	1.24	0.88	0.00	5.00	0.96	15.99	0.89
ABC	0.0002	0.012	-0.047	0.059	0.327	3.421	-0.033	0.035	1.43	1.69	0.95	0.00	63.09	0.00	76.92	0.00
ZGPA	0.0005	0.025	-0.383	0.088	-7.769	122.027	-0.043	0.048	8.82	1.84	0.63	0.00	0.29	1.00	0.46	1.00
JTB	-0.0001	0.015	-0.056	0.092	1.216	7.836	-0.040	0.063	1.41	1.45	0.88	0.00	55.44	0.00	93.33	0.00
ICBC	0.0003	0.012	-0.062	0.055	-0.069	5.029	-0.033	0.034	1.86	1.59	0.93	0.00	59.00	0.00	90.42	0.00
ZGTB	0.0004	0.019	-0.062	0.067	0.189	0.845	-0.047	0.052	1.32	1.30	0.99	0.00	36.48	0.00	44.86	0.01
ZGRS	0.0003	0.020	-0.065	0.117	0.925	4.885	-0.050	0.061	1.29	1.94	0.94	0.00	47.28	0.00	50.20	0.00
HTAS	0.0003	0.025	-0.089	0.146	0.755	4.276	-0.054	0.072	1.63	2.03	0.95	0.00	63.75	0.00	76.43	0.00
GDS	-0.0002	0.025	-0.105	0.154	0.670	6.275	-0.066	0.070	1.58	2.22	0.92	0.00	80.00	0.00	87.98	0.00
GDB	0.0001	0.017	-0.068	0.098	1.121	6.997	-0.043	0.056	1.59	1.74	0.89	0.00	86.44	0.00	101.68	0.00
CBC	0.0004	0.014	-0.063	0.077	0.155	4.066	-0.035	0.038	1.82	2.00	0.94	0.00	38.53	0.00	71.73	0.00
BOC	0.0001	0.013	-0.050	0.083	0.611	6.447	-0.035	0.041	1.45	2.06	0.90	0.00	118.59	0.00	137.31	0.00
ZXB	0.0000	0.018	-0.085	0.126	1.173	7.941	-0.041	0.062	2.07	2.02	0.90	0.00	26.33	0.01	29.69	0.20
FDC	0.0004	0.017	-0.068	0.058	-0.362	1.536	-0.052	0.041	1.33	1.43	0.98	0.00	91.08	0.00	102.11	0.00

图 5－1　36 只金融类上市公司股票收益率波动

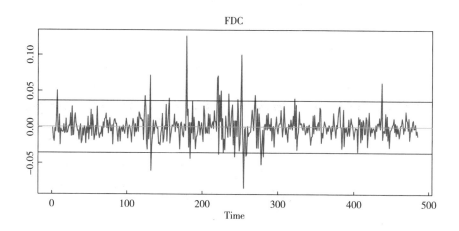

图 5 – 2　房地产板块收益经波动

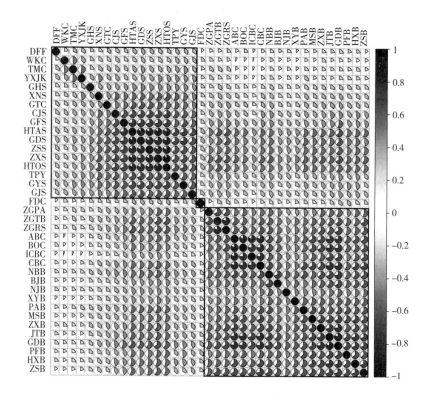

图 5 – 3　各变量相关系数矩阵

5.4 我国金融系统的网络连通性测度

5.4.1 序列平稳性检验

在估计两两股票之间的动态相关系数之前，首先对各收益率序列的平稳性进行检验。这里采用 ADF 检验，检验结果见表 5 - 3。如表 5 - 3 所示，采用 ADF 单位根检验结果表明，所有序列均在 1% 显著性水平拒绝了"变量至少存在一个单位根"的原假设，即变量满足平稳性条件。

表 5 - 3   ADF 检验结果

变量	ADF 值	Lag	P 值	结论	变量	ADF 值	Lag	P 值	结论
PAB	-8.0149	7	0.01	stationary	ZSS	-7.8387	7	0.01	stationary
TMC	-7.4047	7	0.01	stationary	NJB	-8.2835	7	0.01	stationary
GYS	-7.1372	7	0.01	stationary	TPY	-9.0875	7	0.01	stationary
GHS	-7.3858	7	0.01	stationary	XYB	-8.2108	7	0.01	stationary
GFS	-7.729	7	0.01	stationary	BJB	-7.7441	7	0.01	stationary
CJS	-8.6288	7	0.01	stationary	ABC	-8.164	7	0.01	stationary
YXJK	-8.674	7	0.01	stationary	ZGPA	-7.7293	7	0.01	stationary
NBB	-8.139	7	0.01	stationary	JTB	-8.2258	7	0.01	stationary
DFF	-8.2546	7	0.01	stationary	ICBC	-8.0914	7	0.01	stationary
PFB	-7.4181	7	0.01	stationary	ZGTB	-8.1033	7	0.01	stationary
HXB	-7.6155	7	0.01	stationary	ZGRS	-7.2695	7	0.01	stationary
MSB	-7.3008	7	0.01	stationary	HTAS	-8.3486	7	0.01	stationary
ZXS	-8.7714	7	0.01	stationary	GDS	-8.241	7	0.01	stationary
ZSB	-8.1682	7	0.01	stationary	GDB	-8.5678	7	0.01	stationary
GTC	-7.9572	7	0.01	stationary	CBC	-8.7893	7	0.01	stationary
GJS	-8.9736	7	0.01	stationary	BOC	-7.7939	7	0.01	stationary

变量	ADF 值	Lag	P 值	结论	变量	ADF 值	Lag	P 值	结论
XNS	−8.4002	7	0.01	stationary	ZXB	−8.1488	7	0.01	stationary
WKC	−8.7919	7	0.01	stationary	FDC	−7.8353	7	0.01	stationary
HTOS	−8.0507	7	0.01	stationary					

数据来源：基于 R 软件的检验结果，ADF 检验表达式中没有截距项与趋势项。在设定最大滞后阶数 12 后，根据 AIC 准则确定最优滞后阶数。

5.4.2　DCC – MGARCH 模型的估计

在估计动态相关系数之前，首先判断是否适用 DCC 模型，即在动态相关系数与静态相关系数（CCC）模型之间进行选择。这里采用 Engle and Sheppard（2001）方法进行检验，DCCtest 检验结果表明，原假设"固定系数模型"在 1% 显著性水平上被拒绝，表明需要进行 DCC 模型的估计。

表 5 – 4 给出了 DCC – MGARCH 模型的估计结果。模型估计采用两步法，首先估计每个序列的 GARCH（1，1）模型，在此基础上利用得到的 GARCH 序列估计动态相关系数。这里选择了多元联合 T 分布。表 5 – 4 中，μ、ϕ 为收益率方程系数，ω、α、β 为波动率方程参数。从估计结果看，θ_1 与 θ_2 为动态相关参数，v 为联合分布的形态分布参数，系数均为正且在 1% 显著性水平上显著。据此，可得到两两股票的动态相关系数。基于 DCC – MGARCH 模型，我们可以得到两两股票收益率之间的动态相关系数序列，共计 666 个相关系数序列，最终形成 666 × 475 维相关系数矩阵。由于篇幅所限，这里只给出房地产板块股票价格指数收益率 FDC 与各金融上市公司股票收益率间的动态相关系数图（见图 5 – 4）。图 5 – 4 中各子图的实线表示 DCC 的均值，上下虚线表示 95% 置信区间。

表 5 – 4　DCC – GARCH 模型估计结果

	μ	φ	ω	α	β
PAB	-0.0002	0.0813	0.0000	0.0767**	0.9089***
GHS	0.0000	0.5823**	0.0000	0.3489***	0.6471***
YXJK	-0.0023*	0.0775	0.0001	0.1732	0.7046*
fhyyPFB	-0.0001	0.0483	0.0000	0.0000	0.9990***
ZXS	0.0006	0.1403**	0.0000	0.1219*	0.8413***
GJS	-0.0016	0.0080	0.0000**	0.0173	0.9602***
HTOS	-0.0003	0.1135**	0.0000	0.1541**	0.8398***
TPY	-0.0029*	-0.0404	0.0002*	0.2557	0.5832***
ABC	0.0002	-0.0605	0.0000**	0.1452***	0.8097***
ICBC	0.0000	-0.0488	0.0000***	0.2542***	0.6536***
HTAS	-0.0006	0.0700	0.0000*	0.1026**	0.8674***
CBC	0.0003	-0.0120	0.0000	0.1932	0.6898***
FDC	0.0006	0.0119	0.0000**	0.1918***	0.6982***
TMC	-0.0016	-0.0601	0.0003***	0.5134	0.1639
GFS	-0.0007	0.1056	0.0000	0.0000***	0.9985***
NBB	0.0007	-0.0825	0.0000*	0.0775*	0.8726***
HXB	-0.0011	0.0692	0.0000***	0.3738**	0.6017***
ZSB	0.0006	0.0071	0.0000***	0.0684**	0.8801***
XNS	-0.0024*	0.1803	0.0002**	0.7516**	0.2474

	μ	φ	ω	α	β
ZSS	-0.0006	0.0911*	0.0000	0.0793	0.8364***
XYB	0.0001	0.0029	0.0000	0.0000***	0.9980***
ZGPA	-0.0002	0.2976	0.0000	0.2810	0.7180
ZGTB	0.0005	-0.0137	0.0000	0.0861*	0.7942***
GDS	-0.0015*	0.0253	0.0000	0.1681*	0.8309***
BOC	-0.0001	-0.0206	0.0000***	0.1700*	0.7361***
GYS	-0.0008	0.0587	0.0001	0.1173	0.7758***
CJS	-0.0011	0.0795	0.0000*	0.0066	0.9468***
DFF	-0.0025	-0.0396	0.0000	0.0164	0.9662***
MSB	0.0001	0.0430	0.0000	0.0791**	0.9071***
GTC	-0.0003	0.0957	0.0001	0.0929*	0.8368***
WKC	-0.0022	-0.1211	0.0003	0.3696	0.4287*
NJB	-0.0008	-0.0274	0.0000	0.0289***	0.9701***
BJB	-0.0012*	-0.0221	0.0000**	0.0146	0.9716***
JTB	-0.0003	0.0454	0.0000	0.1829	0.7505***
ZGRS	-0.0003	0.0275	0.0001***	0.1652**	0.6439***
GDB	-0.0001	0.0149	0.0000***	0.1072***	0.8450***
ZXB	0.0001	0.0141	0.0000	0.0334***	0.9517***
θ_1	0.0233***	θ_2	0.7079***	v	4.3223***

数据来源：基于 R 软件的计算。

从图 5-4 可以看出，房地产板块股票收益率与其他各收益率间的相关系数具有显著时变性，有大量的离群点位于置信区间外部，表明房地产板块对其他金融股票存在显著的金融外溢性。此外，房地产板块与金融业的相关程度存在明显的下降趋势。在我国金融供给侧结构性改革与去杠杆背景下，银行与证券公司的缩表行为在一定程度上降低了其在房地产行业的资产配置，各金融机构与房地产部门的协动性有所下降。

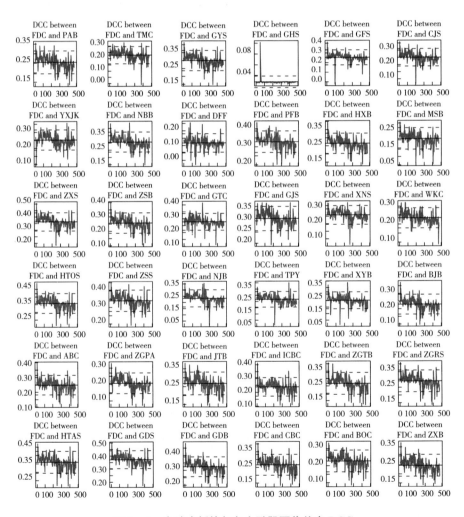

图 5-4 房地产板块与各金融股票收益率 DCC

（数据来源：来自 R 软件的计算）

值得注意的是，房地产业与各金融上市公司的动态相关系数在普遍较高的情况下，也存在着分化。主要可分为四种情况：一是低位稳定型。房地产板块收益率与国海证券收益率 GHS 间的动态相关系数总体处于低位，均值为 0.03，峰值为 0.08，与东方财富 DFF 的动态相关系数均值为 0.12，峰值约 0.2，且总体较为稳定。二是中位较为稳定型。房地产板块收益率与中国工商银行股票收益率 ICBC、中国农业银行股票收益率 ABC 的动态相关系数的平均值分别为 0.2 与 0.25，峰值均为 0.4，并且总体保持较为稳定，受房地产行业调整的影响较小。三是中位震荡型。房地产板块（FDC）与中国银行（BOC）、中国建设银行（CBC）以及其他商业银行之间的动态相关系数则具有明显的下降趋势，且平均相关系数均在 0.2 与 0.3 之间，震荡态势明显。四是高位震荡型。房地产板块（FDC）与中信证券（ZXS）及光大证券（GDS）之间的 DCC 均值均在 0.3 以上，峰值均接近 0.5，且存在明显的高位震荡态势。房地产板块（FDC）与不同上市金融公司动态相关系数的分化表明，我国金融业的同质性竞争状况有所改善，金融业错位发展与有序竞争格局正在形成，对房地产业的依赖程度总体下降。某种程度上表明，我国对房地产价格的持续调控效果逐渐呈现，"房住不炒"的购房理念逐渐得到共识，房地产投机得到有效抑制，房地产股票价格的理性回归在一定程度上也降低了其与金融类股票的相关性。同时，房地产板块（FDC）与不同上市金融公司动态相关系数的分化也为金融分类监管、分类精准施策提供了依据。

除了关注房地产板块与各金融上市公司的动态相关系数外，这里进一步分析金融机构之间的动态相关系数。与房地产部门与金融机构动态相关系数不同，银行等金融机构之间动态相关性并没有明显的下降趋势，金融部门之间的整体关联性与协动性基本上保持稳定。以平安银行为例，除了与房地产（FDC）的相关性存在显著的下降趋势外，平安银行与其他各金融上市公司股票收益率间的相关性没有趋势性变化，基本满足均值回归特征（见图 5-5）。综合图 5-4 与图 5-5，不难得出以下结论：由于房地产部门（FDC）与某些

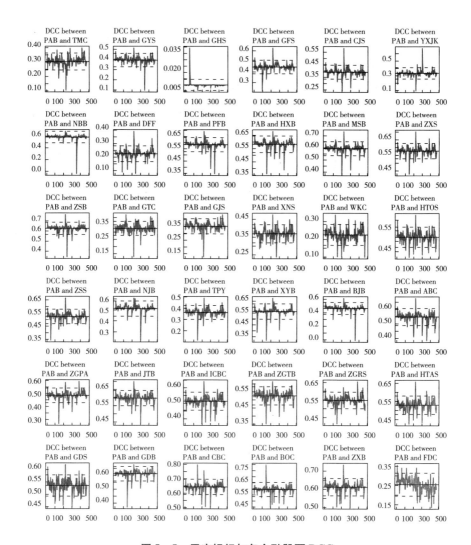

图 5－5　平安银行与各金融股票 DCC

（数据来源：来自 R 软件的计算）

金融机构存在较高的相关性且高位震荡，而金融机构之间的相关性又整体保持高位态势，因此当与 FDC 高度相关的公司（中信证券、光大证券）因房地产板块 FDC 受到冲击而发生剧烈震荡时，这种震荡会迅速传染至整个金融部门乃至实体经济部门，从而加大了金融系统性风险爆发的可能性。

由于篇幅所限，这里没有给出 666 个动态相关系数序列的描述性统计结果，只给出了各动态相关系数序列均值的直方图及核密度曲线（见图 5 - 6）。不难发现，各金融机构与 FDC 动态相关系数的分布呈现多峰状，具体可称为三峰状，即低峰、中峰、高峰。这表明，面对相同的房地产市场形势，各金融机构与房地产板块的相关性出现明显的分歧，对房地产业的预期正在逐渐分化。进一步观察发现，无论是低峰态、中峰态还是高峰态，DCC 序列的均值具有明显的负偏态特征，即各峰态均值的众数大于中位数，中位数大于均值。这表明，同一峰态下，大多数上市公司收益率之间存在较高的协动性，股票之间的关联性非常强，进一步佐证了前文观点。从直方图可以看出，平均 DCC 最高的为 0.88（海通证券与华泰证券）。

5.4.3　基于格兰杰因果关系及 DCC 的有向加权网络构建

在得到两两股票之间的相关系数后，进一步采用格兰杰因果关系检验确定以上相关关系的因果性，为构建有向网络提供依据。格兰杰因果关系检验的原假设是：X 不是 Y 的格兰杰原因。基于 R 软件的循环控制，对 37 只股票收益率进行 1332 次格兰杰因果关系检验。检验结果表明，1332 对因果检验中，有 126 对股票在 1% 显著性水平上存在格兰杰因果关系；244 对股票收益率在 5% 显著性水平上存在因果关系；356 对股票收益率在 10% 显著性水平上存在因果关系。据此，以两两股票 DCC 序列均值为权重，以因果关系检验结果为方向，分别构建显著性水平为 1%、5%、10% 的有向权重网络（见图 5 - 7 至图 5 - 9）。可以看出，三个显著性水平下的金融网络节点数是相同的，均为 37，且房地产部门作为网络的中心具有非常强的稳健性。不同的是，10% 显著性水平上构建的金融网络所含的边的数量大于 5% 显著性水平上金融网络边的数量，而 5% 显著性水平上金融网络边的数量大于 1% 显著性水平上金融网络边的数量。根据统计学相关理论，在 1% 显著性水平上显著的因果关系在 5%、10% 显著性水平上必然显著，在 5% 显著性水平上显著的因果关系也会在 10% 水平上显著。据此可知，1% 显著性水平下的金融网络是显著性水平 5% 下金融网络及 10% 显著性金融网络的子图，而 5% 显著性水平下的网络是 10% 显著性水平金融网络的子图，即 1% netwok ∈ 5% network ∈ 10% network。根据大数定律可知，极端事件的发生概率要低于中等冲击的发生概率，中等冲击的概率小于小幅冲击的概率。据此，我们将 1% 显著性水平下的金融网络作为极端冲击下的网络；将 5% 显著性水平下的网络作为中等冲击网络；将 10% 显著性水平网络作为一般（小幅）冲击网络。

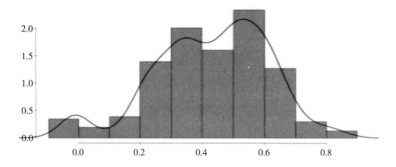

图 5-6　房地产与各金融公司 DCC 均值直方图（核密度）

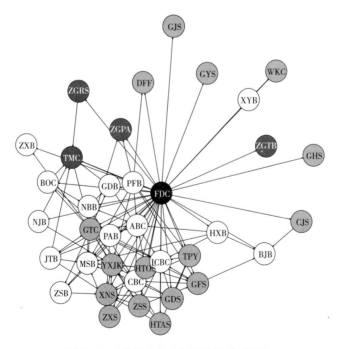

图 5-7　1% 显著性水平下金融体系网络

图 5 - 7 至图 5 - 9 中黑色圆表示房地产板块 FDC，白色圆表示银行类上市公司节点，浅灰色圆表示证券类上市公司节点，深灰色圆表示保险公司节点。边的粗细表示影响程度的大小，边越粗表示影响越大。箭头所指节点表示"被格兰杰导致"的节点，即冲击的吸收节点。箭头线的出发节点表示发出冲击的节点。既有箭头进入又有箭头出去的节点则同时具有冲击的发出者与吸收者的作用，即具有显著的风险传递特征。只有箭头进入而没有箭头出去的节点则是冲击在金融系统的终结节点之一。只有箭头发出但是没有箭头进入的节点则是冲击金融系统的初始节点之一。从图 5 - 7 至图 5 - 9 可以看出，无论我们将显著性水平确定为 1%、5% 还是 10%，房地产部门只发出冲击而没有接受冲击。从表 5 - 5 不同显著性水平上金融网络各节点的度统计表可以看出，房地产部门 FDC 具有最高的度（36），且均为入度，这表明房地产部门在 1% 显著性水平上是各金融上市公司股票收益变化的格兰杰原因，房地产部门对整个金融系统及节点具有显著的风险外溢性，房地产业的泡沫与房地产业的调控政策直接影响着整个金融系统的稳健性，房地产部门具有"连接太密而不能倒"（too connected to fail）特征。此外，在 1% 显著性水平上，中国工商银行（ICBC）、民生银行（MSB）、越秀金控（YXJK）是前三大风险净吸收者，其入度分别为 13、11、10。其他的冲击终结节点还有北京银行、国元证券、东方财富、国金证券等。此外，在三个显著性水平下，总度数排在前 6 位的机构分别为房地产（FDC）、国投资本（GTC）、中国工商银行（ICBC）、民生银行（MSB）、中国农业银行（ABC）、中国建设银行（CBC）。可见，除房地产部门外，银行业部门在金融系统性风险的防范中占据着重要地位，这与世界清算银行将中国工商银行、中国农业银行、中国建设银行纳入系统重要性银行相吻合。

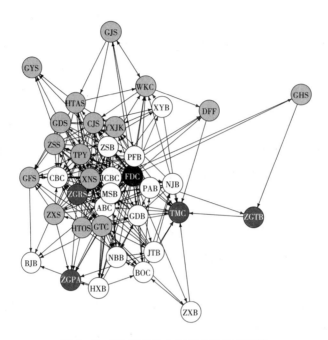

图 5-8　5%显著性水平下金融体系网络

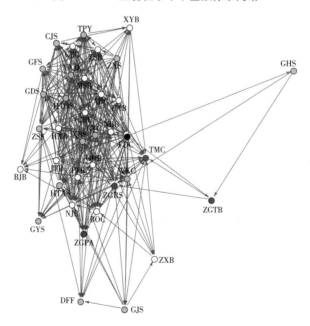

图 5-9　10%显著性水平金融体系网络

5.4.4　网络结构分析

图 5-10 至图 5-12 给出了我国金融系统节点度的分布图,其中每幅图又分为三个子图,由上至下分别为总度(total)、入度(in)及出度(out)。在 1% 显著性水平下,总度、入度、出度均具有显著的幂律分布特征,表明我国金融体系网络具有显著的无标度网络特征,即大部分连接集中在数量较少的节点,其他节点的连通性则较低。这使得随机性地对网络进行攻击并不会产生严重的系统性风险,但是若是对重要节点进行蓄意攻击则会加大整个金融系统的脆弱性。这也说明我国金融系统也具有稳健且脆弱的特征(robust yet fragile)。无标度网络特征在 1% 显著性金融网络的出度分布表现最为突出。房地产部门(FDC)的出度达到最大值 36(N-1),这表明房地产部门与我国金融业所有机构存在直接的因果关系,房地产部门的剧变势必加大整个金融系统的脆弱性,再次印证了"too connected to fail"的存在。此外,除直接关联外,房地产通过某些重要节点而导致的连锁反应也增加了金融风险传染路径的复杂性与不确定性。随着显著性水平由 1% 变为 5%,进而变为 10%,金融体系总度分布的幂律分布特征逐渐被钟形特征掩盖,无标度网络逐渐演化为随机网络。考虑到不同程度冲击发生的概率,一般情况下,1% 网络意味着该网络能够经受住 1% 以上可能性发生的冲击,5% 网络意味着网络能够经受住 5% 以上可能性发生的冲击,10% 网络意味着能够经受住 10% 以上可能性发生的冲击。当然,随着冲击可能性的降低,冲击的程度也越大。但是,在考虑到冲击的传染方向后发现,无论显著性水平如何,入度与出度的分布仍然具有幂律分布特征,对高入度与高出度节点的监控仍然是金融监管的重点。少数的高出度节点如 FDC 往往是冲击发生的传染源,少数高入度节点如中国工商银行(ICBC)及民生银行(MSB)往往是冲击的目的地。此外,根据入度与出度的相对大小,我们将各节点进行分类。具体地,入度小于出度时,表明该节点为风险扩大器;入度大于出度时,该节点为风险冷却器。

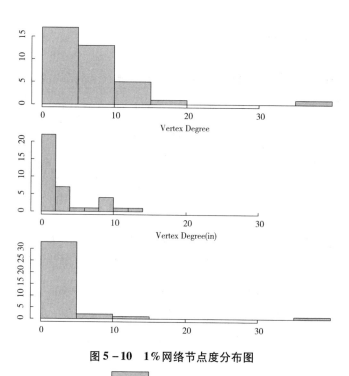

图 5 – 10　1%网络节点度分布图

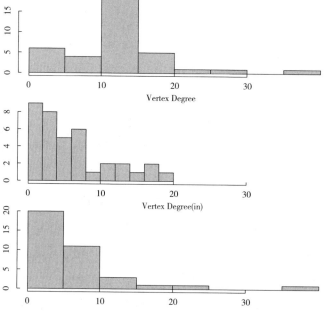

图 5 – 11　5%网络节点度分布图

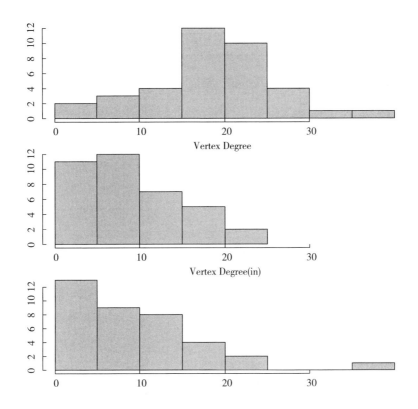

图 5 - 12　10％网络节点度分布图

表 5 - 5　　　　　　　　　　网络度分布

	1%			5%			10%		
	in	out	all	in	out	all	in	out	all
ABC[L]	9	2	11/4	15	5	20/4	18	7	25/4
BJB[L]	4	0	4	5	0	5	7	1	8
BOC[K]	2	3	5	8	4	12	10	9	19
CBC[L]	9	4	13/3	14	5	19/5	16	7	23/5
CJS[T]	1	1	2	8	7	15	12	8	20
DFF[L]	2	0	2	4	1	5	7	1	8
FDC[O]	0	36	36/1	0	36	36/1	0	36	36/1
GDB[L]	3	2	5	8	6	14	15	13	28
GDS[K]	1	5	6	1	12	13	4	16	20

99

	1%			5%			10%		
	in	out	all	in	out	all	in	out	all
GFS^L	5	3	8	9	4	13	13	7	20
GHS^L	1	0	1	1	2	3	1	2	3
GJS^L	1	0	1	2	4	6	4	7	11
GTC^K	3	14	17/2	6	22	28/2	9	25	34/2
GYS^L	1	0	1	4	0	4	10	1	11
HTAS^K	1	5	6	3	9	12	6	14	20
HTOS^K	1	7	8	2	12	14	9	17	26
HXB^K	1	4	5	3	7	10	9	13	22
ICBC^L	13/1	0	13/3	19/1	5	24/3	20/2	8	28/3
JTB^K	2	5	7	4	9	13	4	16	20
MSB^L	11/2	0	11/4	17/2	3	20/4	21/1	4	25/4
NBB	4	4	8	7	6	13	9	12	21
NJB^K	1	2	3	5	6	11	7	13	20
PAB^K	3	4	7	6	7	13	7	12	19
PFB^K	1	8	9	2	17	19	4	23	27
TMC^L	7	1	8	12	2	14	15	3	18
TPY^L	4	2	6	11	4	15	14	7	21
WKC^L	2	0	2	8	3	11	16	3	19
XNS^L	10	1	11	17	1	18	22	3	25
XYB	1	1	2	3	4	7	7	5	12
YXJK^L	10	0	10	14	0	14	19	2	21
ZGPA^L	3	0	3	8	0	8	13	1	14
ZGRS^K	1	1	2	3	12	15	4	17	21
ZGTB	1	0	1	2	1	3	2	2	4
ZSB^K	2	2	4	6	8	14	13	10	23
ZSS^K	2	4	6	3	9	12	4	13	17
ZXB	2	0	2	2	2	4	3	4	7
ZXS^K	1	5	6	2	9	11	2	14	16

度分析对各节点在网络中的重要性进行了测度，但是该测度只考虑了连接的次数，并没有考虑各连接的权重，信息损失较大。为此，图 5 - 13 至图 5 - 15 分别给出了 1% 显著性网络、5% 显著性网络、10% 显著性网络的强度分布图，既考虑了各节点的连接次数也考虑了各连接的权重。从不同显著性水平下的强度分布看，得出了与图 5 - 10 至图 5 - 12 相同的结论：在 1% 显著性水平下，总强度、入强度、出强度均具有显著的幂律分布特征，表明我国金融体系网络具有显著的无标度网络特征，即大部分连接集中在数量较少的节点，这些节点具有较高的强度，往往表现为连接数与连接权重都比较高，其他节点的连通性则较低。这使得随机性地对网络进行攻击并不会产生严重的系统性风险，但若是对重要节点进行蓄意攻击则会加大整个金融系统的脆弱性。这也说明我国金融系统具有稳健且脆弱的特征（robust yet fragile）。无标度网络特征在 1% 显著性金融网络的出度分布表现最为突出。

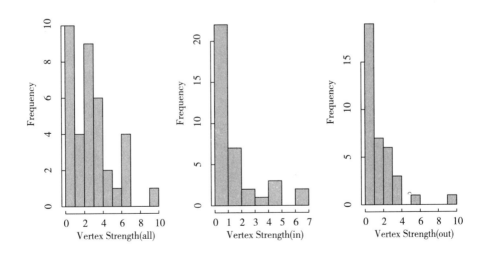

图 5 - 13　1% 网络节点强度分布

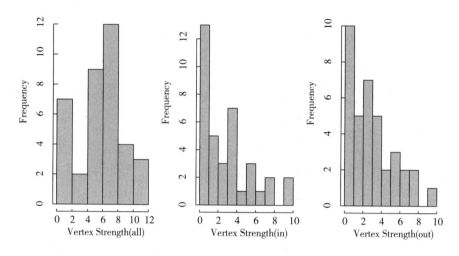

图 5 – 14　5%网络节点强度分布

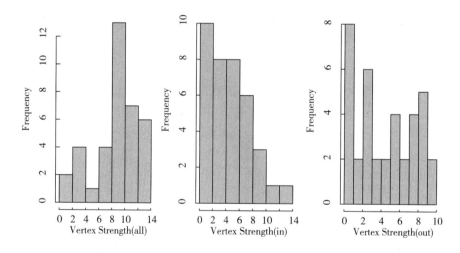

图 5 – 15　10%网络节点强度分布

　　随着显著性水平的上升，5%、10%网络的总强度的幂律特征逐步弱化，网络的随机性特征逐步上升，这可以从图 5 – 14 与图 5 – 15 总强度的分布看出。但是图 5 – 14 与图 5 – 15 的入强度与出强度仍然有较明显的幂律特征。由于总强度具有较强的均匀性而入强度与出强度多集中于较少数的节点上，表明节点强度较高的少数节点具有极强的传染性。表 5 – 6 对三个显著性水平下各网络的总强度（sall）、入强度（sin）、出强度（sout）、净强度

（snet）进行了统计。可以看出，在三个显著性水平网络中，房地产板块对整个金融网络具有完全的、最高的风险外溢性，是整个金融系数的风险释放器。

表 5 - 6　　　　　　　　　　　　网络节点强度分布

	1% 显著性网络				5% 显著性网络				10% 显著性网络			
	sall	sin	sout	snet	sall	sin	sout	snet	sall	sin	sout	snet
ABC	5.74	4.58	1.16	3.42	10.06	7.76	2.30	5.46	11.86	9.21	2.65	6.56
BJB	1.63	1.63	0.00	1.63	1.93	1.93	0.00	1.93	3.80	3.32	0.48	2.84
BOC	2.03	0.59	1.43	-0.84	6.27	4.13	2.14	1.99	10.29	5.14	5.15	-0.01
CBC	6.17	3.64	2.53	1.11	8.60	5.46	3.14	2.32	10.87	6.48	4.39	2.08
CJS	0.62	0.29	0.33	-0.04	6.03	3.05	2.97	0.08	8.45	5.04	3.42	1.62
DFF	0.56	0.56	0.00	0.56	1.31	1.11	0.20	0.91	2.84	2.64	0.20	2.44
FDC	9.44	0.00	9.44	-9.44*	9.44	0.00	9.44	-9.44*	9.44	0.00	9.44	-9.44*
GDB	2.32	1.27	1.05	0.22	7.08	3.49	3.59	-0.11	13.18	5.52	7.66	-2.14
GDS	3.24	0.25	2.99	-2.74	7.32	0.25	7.07	-6.82	9.77	1.38	8.40	-7.02
GFS	2.74	1.47	1.28	0.19	5.29	3.66	1.63	2.02	8.49	5.36	3.13	2.23
GHS	0.26	0.26	0.00	0.26	0.26	0.26	0.00	0.25	0.26	0.26	0.00	0.25
GJS	0.23	0.23	0.00	0.23	1.65	0.42	1.23	-0.81	3.44	1.12	2.32	-1.20
GTC	6.21	1.08	5.13	-4.05	10.24	2.54	7.70	-5.16	12.95	4.26	8.69	-4.44
GYS	0.34	0.34	0.00	0.34	1.85	1.85	0.00	1.85	4.74	4.38	0.36	4.01
HTAS	2.63	0.12	2.51	-2.40	5.49	0.98	4.51	-3.52	9.64	2.60	7.04	-4.44
HTOS	3.64	0.27	3.38	-3.11	6.71	0.23	6.49	-6.26	12.75	4.12	8.63	-4.51
HXB	2.11	0.23	1.88	-1.64	4.52	0.90	3.62	-2.72	9.92	3.53	6.39	-2.85
ICBC	6.11	6.11	0.00	6.11#	11.54	9.26	2.28	6.98	13.72	9.70	4.01	5.69
JTB	2.64	0.35	2.29	-1.94	4.65	0.81	3.85	-3.04	8.14	0.81	7.34	-6.53
MSB	4.90	4.90	0.00	4.90	9.48	7.85	1.63	6.21	11.69	9.54	2.15	7.39
NBB	3.81	1.95	1.87	0.08	6.39	3.41	2.98	0.43	10.57	4.38	6.19	-1.81
NJB	1.11	0.27	0.84	-0.58	5.05	2.54	2.51	0.03	9.19	3.40	5.79	-2.39
PAB	3.24	1.18	2.05	-0.87	5.67	2.36	3.31	-0.96	8.65	2.74	5.91	-3.17
PFB	3.74	0.26	3.48	-3.22	7.51	0.56	6.95	-6.39	11.14	1.43	9.71	-8.27
TMC	2.98	2.69	0.28	2.41	5.72	5.13	0.59	4.54	7.16	6.36	0.80	5.57
TPY	2.80	2.12	0.67	1.45	7.17	5.70	1.47	4.22	9.87	7.28	2.59	4.69
WKC	0.77	0.77	0.00	0.77	4.22	3.72	0.50	3.22	7.60	7.10	0.50	6.60
XNS	6.61	6.27	0.34	5.94	9.86	9.52	0.34	9.19#	13.30	12.30	1.00	11.30#
XYB	0.92	0.36	0.56	-0.21	3.47	1.26	2.22	-0.96	6.13	3.42	2.71	0.71

续表

	1%显著性网络				5%显著性网络				10%显著性网络			
	sall	sin	sout	snet	sall	sin	sout	snet	sall	sin	sout	snet
YXJK	4.74	4.74	0.00	4.74	6.97	6.97	0.00	6.97	10.54	10.14	0.40	9.74
ZGPA	1.15	1.15	0.00	1.15	3.24	3.24	0.00	3.24	6.58	6.14	0.44	5.70
ZGRS	0.79	0.32	0.47	-0.14	6.20	0.64	5.56	-4.92	9.19	1.15	8.04	-6.89
ZGTB	0.37	0.37	0.00	0.37	0.98	0.40	0.59	-0.19	1.50	0.40	1.10	-0.70
ZSB	1.86	0.64	1.22	-0.58	7.66	3.12	4.54	-1.42	12.42	6.51	5.91	0.60
ZSS	3.00	0.66	2.33	-1.67	6.63	1.48	5.15	-3.67	9.12	2.02	7.11	-5.09
ZXB	0.54	0.54	0.00	0.54	1.73	0.54	1.18	-0.64	3.37	0.90	2.47	-1.58
ZXS	3.41	0.23	3.19	-2.96	5.83	0.50	5.32	-4.82	8.57	0.50	8.06	-7.56

将各节点的度与各节点所在边的权重结合起来，我们用节点强度进一步描述各节点的重要性。表5-6给出了各节点在1%、5%、10%三个显著性水平上各节点的总强度、吸收强度、外溢强度、净强度。净强度为吸收强度（in）减去外溢强度（out），表示该节点对系统性网络的吸收程度。从表5-6可以看出，1%显著性水平下，除房地产（FDC）外，西南证券（XNS）、国投资本（GTC）、中国建设银行（CBC）、中国工商银行（ICBC）、中国农业银行（ABC）、民生银行（MSB）是前六大系统重要性金融机构，其中，除国投资本（GTC）为风险净外溢者外，其余5家金融机构为风险净吸收者。在5%显著性水平下，除房地产（FDC）外，前六大重要机构分别为中国工商银行（ICBC）、国投资本（GTC）、中国农业银行（ABC）、西南证券（XNS）、民生银行（MSB）及中国建设银行（CBC），其中，国投资本（GTC）为净外溢者，其余五家为净吸收者。在10%显著性水平下，前六大重要性金融机构依次为中国工商银行（ICBC）、西南证券（XNS）、光大证券（GDB）、国投资本（GTC）、海通证券（HTOS）、招商银行（ZSB），其中，光大证券、国投资本、海通证券为风险净外溢者，其余为风险净吸收者。此外，在1%、5%、10%的显著性水平下，房地产部门（FDC）均是最大的风险净外溢者，中国工商银行（ICBC）为最大的风险净吸收者。为了更清晰地识别各金融机构的特征，这里分别根据1%、

5%、10% 显著性水平下各节点的强度（sall、sin、sout）进行聚类分析，结果见图 5 – 16 至图 5 – 18。可以看出，1% 网络中，中国工商银行、中国农业银行、中国建设银行、西南证券、越秀金控、民生银行在不同显著性水平下均归属于一类，其主要特征是风险的净吸收者；房地产与国投资本为净风险外溢者，其余机构则为风险的传递者。在 5% 网络中，工商银行、西南证券、中国银行、天矿资本、中国农业银行、中国建设银行、越秀金控、太平洋是风险净吸收者，房地产、国投资本、宁波银行等是重要的风险净外溢者，其余为风险传递者。这一结论在 10% 网络中得到两样印证。

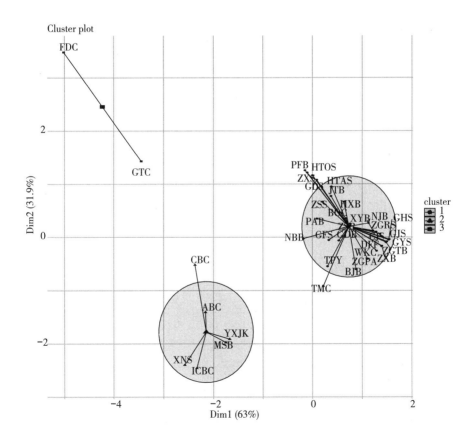

图 5 – 16　金融机构风险特征聚类 1%

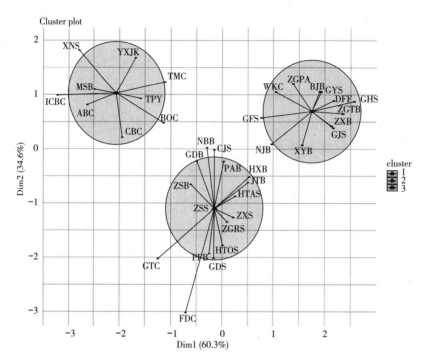

图 5 - 17　金融机构风险特征聚类 5%

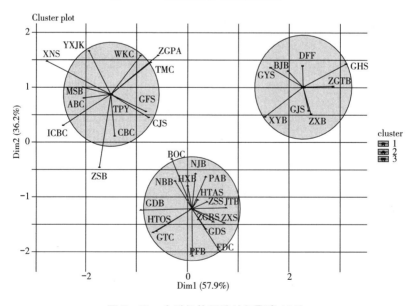

图 5 - 18　金融机构风险特征聚类 10%

5.4.5　我国系统性金融风险的网络传染路径分析

前文分析表明，在 1%、5%、10% 三个显著性水平上，房地产（FDC）的总度为 36，其中入度为 0，出度为 36，据此可知，当房地产部门受到剧烈冲击时，我国金融部门将受到重创，这为渐进性、因地制宜的房地产业调控政策及房地产价格长效机制的出台提供了实证依据。那么，当房地产部门受到不同程度的冲击时，系统性风险的传染路径如何？当某金融机构受到冲击时，该节点如何将冲击传染给其他节点？这对于防范系统性金融风险传染、识别传染机制具有重要意义。基于此，这里借助最小有向树方法（MDT）分析我国金融系统的网络传染路径。最小有向树也被称为最小有向生成树，又称为树形图，是将网络中所有点连接起来（即从一个点可到任意一个点），且连接路径权和最小的图，满足以下三个条件：一是恰好有一个入度为 0 的点，称为根节点；二是其他入度的节点均为 1；三是可以从根节点到达所有其他节点。在 1%、5%、10% 显著性水平下，我国金融系统网络的最小生成树如图 5 - 19 所示。

可以看出，当发生极端的房地产冲击时，金融冲击的传染路径最短（此时，MDT 的平均路径为 1.14），说明在较短时间内金融冲击直接由房地产部门到达大部分节点。1% 显著性水平下的网络生成树的聚类系数仅为 0.29，MDT 中各节点主要呈核 - 辐状，表明大多数金融机构会由于 FDC 受到冲击而受到直接冲击，房地产部门向金融部门的风险传染为多路径直接传染，短时间内就能导致金融网络的瘫痪。此外，国投资本、中国银行、交通银行、华夏银行是重要的风险传染节点，通过这些节点，风险在金融系统得到进一步扩散与蔓延，这可以由图 5 - 18 看出。房地产部门（FDC）同时直接影响的节点包括 14 家证券公司及 7 家商业银行等 21 家金融机构，其中国投资本（GTC）、华夏银行（HXB）、交通银行（JTB）、中国银行（BOC）则成为重要的中间传染点。因此，除了稳定房地产市场外，还需要加强对国投资本、华夏银行、交通银行、中国银行等重要节点的监管。

当房地产市场冲击为中等冲击时，金融冲击的传染路径较极端冲击长一些，此时的最小有向树平均路径为 1.34，此时的网络集聚系数较 1% 网络生成树高一些，为 0.46，MDT 的核 - 辐状仍然较为明显。但是，从图 5 - 20 可以看出，除了房地产（FDC）与宁波银行（NBB）、中信证券、海通证券、兴业银行、国元证券、中国银行、中国农业银行、越秀金控、招商银行、广发证券存在直接关联及核 - 辐状态外，其余节点存在一定程度的聚集形态，形成了较为明显的 4 条传染路径，较极端冲击时的金融网络更为稳健。根据图 5 - 20 可知，以上 10 家与 FDC 直接关联的金融机构中，中国工商银行、中国交通银行、中信银行、东方财富成为重要的风险防控节点与攻击点。以这 4 个节点为枢纽，形成的 4 条传染链分别是：交通银行、中国平安；中信银行、中国建设银行；东方财富、天茂集团；中国工商银行、平安银行、光大银行。

当房地产市场冲击为小幅度波动时，10% 网络的最小有向树呈现出更明显的链式特征以及更长的传染路径、最高的集聚系数，分别为 1.34 及 0.60。从图 5 - 20 可以看出，除了房地产部门与中信银行、中国银行、宁波银行、招商证券、中信证券的直接关联外，其他节点间的核 - 辐状进一步下降，网络的集聚性进一步上升，形成了 5 条传染链：FDC/YXJK/HXB/MSB，FDC/JTB/ZGPA，FDC/HTAS/CDB，FDC/DFF/TMC。

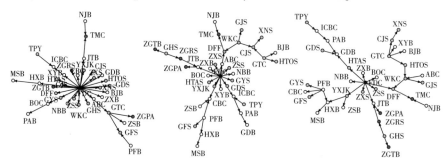

图 5 - 19   1%（左）、5%（中）、10%（右）显著性水平下

中国金融业有向权重网络的 MDT

5.5 我国金融网络的动态演化特征计量分析

为了进一步研究我国金融网络连通性的动态演化特征，这里对各时点上的 666 个相关系数求平均，得到各时点上金融网络的连通性。将 475 个时间点上的连通性进行绘图得到我国金融网络连通性的时间序列走势图（见图 5 - 20）。

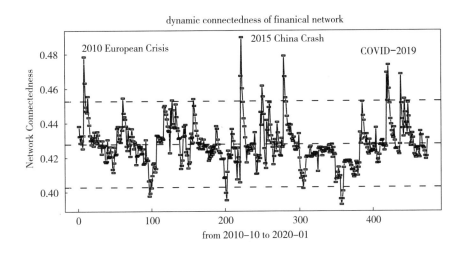

图 5 - 20 中国金融网络连通性动态趋势

通过对连通性的描述性分析可知，我国金融网络连通性的平均值与中位数均为 0.43，标准差为 0.1，最大值为 0.49，最小值为 0.39，偏度为 0.93，峰度为 2.96。通过 ADF 可知，该序列为平稳性序列。从图 5 - 20 可以看出，中国金融网络的连通性具有明显的时变性特征，基本与历次极端事件相吻合，比较突出的有欧洲主权债务危机、2015 年中国股灾、2019年末至今的新冠肺炎疫情冲击等。那么，金融网络连通性是否具有自演化特征？能够对中国股票市场的收益与波动具有前瞻性预测作用？这里分别运用自回归门限效应模型以及格兰杰因果关系进行实证研究。表 5 - 7 给出了门限自回归模型的估计结果。估计结果表明，模型的确存在显著的门限自回归效应，网络连通性的门限值为 0.426，金融网络的自演化特征得到证实。两个门限的区别在于门限值的自回归系数为 0.8504，而高区制门限的自回归系数为 0.6871，显著低于前者，而前者的增长速度高于后者。这意味着，网络连通性的自调整具有非线性特征，当连通性低于 0.426时，网络连通性的上升速度较快，而当网络连通性高于 0.426 时，网络连通性的上升速度开始下降，这也意味着市场连通性将达到峰值，金融系统性风险趋于高位，股票崩盘的风险上升。可以认为，0.426 是市场走势的分歧点。金融监管部门与投资机构可以考虑将网络连通性作为市场风险的监测指标之一。

表 5 – 7　　　　　　　　SETAR（2，1，1）模型估计结果

	区制 1：connectedness$_{t-2}$				区制 2：connectedness$_{t-2}$			
	系数	标准误	T 值	P 值	系数	标准误	T 值	P 值
constant	0.0644	0.0276	2.3301	0.0000	0.1346	0.0170	7.8956	0.0000
Connectedness$_{t-1}$	0.8504	0.0657	12.9418	0.0000	0.6871	0.0392	17.5251	0.00
	R^2	0.9995	P – value	0	R^2	0.9997	P – value	0
	N		228		N		245	

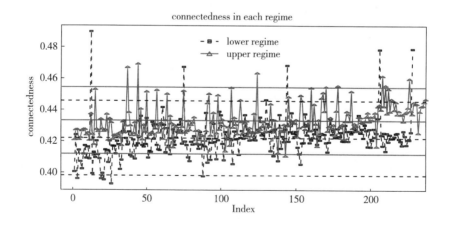

图 5 – 21　不同区制下的金融网络连通性

图 5 – 21 给出了不同区制下中国金融网络连通性的动态演化。三角形观测点为高区制，正方形观测点为低区制。三条水平实线表示高区制观测点

的平均值以及 95% 置信区间，三条水平虚线表示低区制样本观测点的平均值及 95% 置信区间。可以看出，低区制下的样本观测（228 个）少于高区制下的样本观测（245 个），高连通性状态居高。低区制观测值的均值为 0.4219，高区制观测值的均值为 0.4332。低区制下的金融网络连通性的调整幅度较大，而高区制下的金融网络连通性的调整幅度较小。在金融网络连通性达到门限值之前，金融网络连通性的调整幅度较大，而在超过门限值后，金融网络连通性的调整幅度较小。进一步观察发现，低区制状态下的样本观测向上突破 95% 上限的情况较为突出（正方形），而低区制状态下的网络连通性向下突破 95% 下限的情况较为突出，这表明，低区制状态下的网络连通性调整与高区制状态下的网络连通性调整具有显著的非对称性。这与金融危机或股票崩盘之前金融连通性急剧攀升，而金融危机或股票崩盘之后金融连通性急剧下降的事实是相吻合的（Xu 等，2017）。这意味着，通过监测金融网络连通性的动态变化，也许可以对未来股市的变化进行预警。

那么，金融网络连通性的变化是否可以预测未来股市收益与波动的走势呢？这里进一步借助格兰杰因果关系检验对金融网络连通性与股市收益、波动的关系进行检验，检验结果见表 5 - 8。这里的股票收益率分别采用上证综指与深证成指的对数收益率、Parkinson（1980）波动率。Parkinson（1980）波动率公式为 $\tilde{\sigma}_{it} = 0.361 (H_{it} - L_{it})^2$，其中 H 与 L 分别表示最高价与最低价的对数值。经过以上计算，得到上证综合指数与深证成指的收益率 rsse、rszc，以及上证综指波动率（vsse）、深证成指波动率（vszc）。

表 5 - 8　金融网络连通性与股票收益率、波动率格兰杰因果关系检验

原假设	F	P
Connectedness 不是 rsse 的格兰杰原因	24. 1209	0. 0000
rsse 不是 Connectedness 的格兰杰原因	0. 9212	0. 6512
Connectedness 不是 rszc 的格兰杰原因	22. 7301	0. 0000
rszc 不是 Connectedness 的格兰杰原因	1. 2051	0. 4039

原假设	F	P
Connectedness 不是 vsse 的格兰杰原因	12.7736	0.0000
vsse 不是 Connectedness 的格兰杰原因	1.1827	0.3932
Connectedness 不是 vszc 的格兰杰原因	16.4917	0.0000
vszc 不是 Connectedness 的格兰杰原因	0.3750	0.8391

从检验结果看，金融网络连通性能够是我国股票市场收益率与波动率的格兰杰原因，是股票市场波动与风险的先行指标，对未来股市走势具有显著的预测作用。这意味着，可以通过加强中国金融网络连通性的监测，对未来股市的系统性风险进行预警。

5.6　小结

金融网络连通性测度及其演化机制是研究金融风险传染路径与预警的重要内容，因此金融网络的构建以及建立在此基础上的网络连通性分析具有重要意义。本章基于我国房地产部门及 36 家金融上市公司 2010 年 9 月至 2020 年 2 月周数据，利用 DCC - MGARCH 估计了含房地产部门在内的金融部门动态相关系数，基于两两公司间平均动态相关系数构建了 37 个节点间的有权完全网络，并利用格兰杰因果检验实证检验了房地产部门与 36 家上市金融公司间的格兰杰因果关系及因果方向，剔除格兰杰因果检验不显著的边，分别只保留在 1%、5%、10% 显著性水平上显著的边，从而构建了不同显著性水平下有向权重网络，分析了网络结构特征，并基于有向生成树分析了房地产市场发生轻度冲击、中度冲击与极端冲击时的风险传染路径，最后基于门限自回归模型实证检验了金融网络连通性的非线性自演化特征。结果表明：第一，中国房地产部门与 36 家上市金融公司之间存在显著的金融传染，且房地产板块是金融风险的净外溢点与根节点。房地产部门在中国金融网络中的度为 36，节点重要性排第一，且入度为 0，出度为

36，表明房地产部门是金融系统性风险的净外溢点与根节点；第二，中国金融网络的入度与出度均具有明显的幂律分布特征，但是不同显著性水平下网络的总度特征略有差异。在显著性水平为1%时，中国金融网络的度与强度、入度与入强度、出度与出强度均具有显著的幂律分布特征；随着显著性水平P的上升，网络总度与总强度的幂律特征有所淡化，网络的随机特征上升。但是，无论是1%、5%还是10%，不同显著性水平网络的出度与入度均具有显著的幂律特征，这表明系统性金融风险溢出与吸收均集中在少数金融机构节点上，其余大部分节点具有较强的风险传递功能，对这些重要节点的监控意义重大。第三，中国金融网络连通性具有显著的非线性、非对称性、自演化动态调整特征。在低区制状态下，金融网络连通性的向上突破比较强烈；在高区制状态下，金融网络连通性的向下突破比较强烈。这意味着，金融危机爆发前的股市泡沫与金融网络连通性急剧攀升相对应；金融危机后的股市泡沫破裂与金融网络连通性的急剧下降相呼应。股市连通性的区制转换与危机爆发相呼应，预示着金融网络连通性可用于金融风险与市场稳定性预警。第四，基于格兰杰因果检验的结果表明，对股市未来收益与风险具有显著的预测作用，可作为先行指标对股市系统性风险进行预警。

第6章 结论与政策建议

6.1 结论

基于 CPI 网络连通性对消费者价格指数感知偏差进行了研究。基于 Diebold 和 Yilmaz 框架,将网络科学理论应用于 CPI 各子指数间的网络结构描述,以刻画 CPI 各子指数间的网络连通性。通过刻画 CPI 网络连通性的时变性,从网络结构的视角进一步定量地认识 CPI 感知偏差的原因与程度。研究表明,我国 CPI 的网络连通性指数呈现出振荡上升、动态波动的变化趋势。我国 CPI 连通性的持续上升意味着市场对 CPI 的感知偏差逐渐下降。对 CPI 网络连通性的描述性分析发现,我国 CPI 网络连通性的平均值为 78.3%,CPI 感知偏差为 1 − 78.3% = 21.7%,表明我国 CPI 感知偏差的纠正仍然存在较大空间。

借助金融网络的连通结构解释金融风险传染机制。以金砖五国 (BRICS) 与美国 1996 年 12 月至 2019 年 10 月月频数据为样本,基于 VAR – aDCC – EGARCH (1,1) 模型测度了美国与金砖五国之间的非对称动态相关系数 (aDCC),以此表征 US – BRICS 金融市场间的金融传染,并基于 DY – VAR 框架对股票市场网络连通性进行测度,建立并估计了非对称动态相关系数 (aDCC) 对网络连通性的分位回归模型,从网络视角揭示了风险传染的网络机制。结果表明,美国对金砖五国存在显著的金融传染,各国间的金融网络连通性具有显著的时变性，金融市场网络连通性对风险传染具有显著的非对称正向影响，金融网络连通性对高风险传染的影响远远大于对低风险传染的影响；金融网络连通性不仅是美国与金砖五国金融传染的直接影响因素，还在很大程度上强化了石油价格（经济基本面传染）、金融压力与黄金价格（投资者行为传染）的影响，构成了石油价格、黄金价格与金融压力影响金融传染的调节机制。通过监测股票市场网络结构特征的动态演化，可以对股票市场系统性风险进行预警。

基于我国金融上市公司 2010 年 9 月至 2020 年 2 月的周数据，利用 DCC – MGARCH 与 Granger – Causality 构建包含房地产部门的金融有向权重网络，基于最小有向树分析了房地产市场发生不同程度冲击时的风险传染路径，并采用门限自回归模型实证检验了金融网络连通性的非线性自演化特征。结果表明，中国房地产部门对金融部门存在显著的金融传染，金融机构与房地产部门平均动态相关系数呈三峰状，市场对房地产业的预期正在逐渐分化，这种分化加剧了风险传染。中国金融网络具有显著的子部门集聚与幂律分布特征。房地产冲击的风险传染路径与冲击程度有关，极端冲击下的最小有向树具有明显的星状结构，小幅冲击则具有链状特征。同时，中国金融网络连通性具有显著的非线性、自演化动态调整特征，对股市未来收益与风险具有显著的预测作用，可作为先行指标对股市系统性风险进行预警。

6.2　政策建议

6.2.1　加强经济与金融网络建模研究

加强经济与金融网络建模研究，注重节点间的连接形成与动态演化，更加重视节点间的信息反馈内容、方向与机制。重点研究内容如下：

第一，创新网络构建方法，加大网络在经济与金融领域的应用。目前，网络节点间的关联构建主要包括相关系数法、偏相关系数法、DCC－GARCH方法等，这些方法均是基于节点间的相关性，因此相关性测算显得非常重要。

第二，网络连接信息的过滤。以股票市场为例，随着股票数量的上升，网络的连接数也急剧上升，网络连接信息的过滤准则非常重要，这对于理解网络拓扑结构特征有着重要的意义，因此，应当基于P门限法或T门限法尝试不同的过滤方法。

第三，基于线性与非线性计量方法对网络结构的稳定性与动态演化特征进行分析。

6.2.2　对系统性金融风险进行网络建模与预警

第一，构建金融网络，研究金融传染的网络结构连通性，从金融网络结构视角探究金融传染的影响机制，对国际金融风险防范中重要节点的识别与金融风险的预警提供依据。网络连通性可视为网络中各节点间的经济距离或资产相似性，在开放经济条件下，国际资本的流动是各国股票市场距离与资产相似性的重要影响因素，各国金融开放进程的加快客观上提高了各国金融制度的相似性，这是各国金融网络连通性较高的主要原因。

基于以上分析，提出以下对策：将美国金融压力、国际原油价格与黄金价格纳入我国金融系统性风险预警指标体系，加强对以上变量的监控与预测，完善我国系统性风险的预警体系；加强国际金融网络结构的测度与动态监管，识别金融网络演化的时空规律与驱动机制，提高我国的金融安全；加快我国在国际原油市场的议价能力，加快石油金融衍生品交易中心建设与产品研发，降低国际原油价格波动对我国的供给性冲击；增强我国经济基本面信息的透明度与披露程度，建立国际金融冲击的缓释机制与预期管控预案，提高我国金融市场的稳健性；在金融一体化与经济全球化进程中，坚持金融功能观与结构观，进一步引导国际资本进入实体经济领域，基于供应链金融理念将企业生产经营与资本运营相结合，降低金融资产的相似性。由于金融网络结构与金融风险传染具有显著的格兰杰因果关系，即前者对后者具有显著的预测作用，未来可在测度金融网络结构的基础上对金融风险传染进行预警建模，深化当前研究。

第二，受疫情冲击影响，房地产市场受到一定程度的影响，房地产需求冲击较大，这必将会加大整个金融系统的震荡。因此，国家与地方应当出台稳定房地产需求政策，同时加大银行业对房地产业的支持力度，进而防止房地产板块冲击向金融系统的传染。

第三，可根据 DCC – MGARCH 模型与格兰杰因果检验构建权重有向网络，并加强对网络结构与网络连通性的监测，进而为风险预警提供支撑。

参考文献

[1] 陈学彬, 李忠, 王依连. 中国城乡 CPI 变动差异原因的实证研究 [J]. 新金融, 2012 (7): 4 – 9.

[2] 许坤, 卢倩倩, 许光建. CPI 权重、结构性物价上涨与物价感知 [J]. 价格理论与实践, 2019 (9): 4 – 10.

[3] 曾五一, 王开科. 美国的消费价格指数体系及其对我国的启示 [J]. 统计研究, 2014, 31 (8): 80 – 87.

[4] 江洁, 等. 金融危机传染实证分析研究. 中国人民银行工作论文: 1 – 15.

[5] 史沛然. 金砖国家合作机制下的金融传染效应与动态相关性 [J]. 江西社会科学, 2018, 38 (8): 66 – 76.

[6] 方立兵, 刘海飞, 李心丹. 比较"金砖五国"股票市场的系统重要性: 基于危机传染的证据 [J]. 国际金融研究, 2015 (3): 64 – 75.

[7] 刘湘云, 陈洋阳, 韩麦尔. 金融市场极端风险溢出效应研究: 以金砖国家为例 [J]. 广东财经大学学报, 2015, 30 (5): 78 – 87.

[8] 鲍勤, 孙艳霞. 网络视角下的金融结构与金融风险传染 [J]. 系统工程理论与实践, 2014, (9): 2202 – 2211.

[9] 卜林, 等. 全球股票市场系统性风险传递 网络研究 [J]. 国际金融研究, 2020, (3): 87 – 96.

[10] 王姗姗, 王庞. 金融危机对全球股票市场的传染研究: 基于复杂

网络分析方法［J］. 世界经济研究，2018（4）：28 - 39.

［11］隋聪，迟国泰，王宗尧. 网络结构与银行系统性风险［J］. 管理科学学报，2014，17（4）：57 - 70.

［12］王子丰，周晔. 中美上市银行高维网络结构特征与系统性风险传染［J］. 金融经济学研究，2018（4）：35 - 45.

［13］蒋海，张锦意. 商业银行尾部风险网络关联性与系统：基于中国上市银行的实证检验［J］. 财贸经济，2018（8）：50 - 65.

［14］胡利琴，等. 机构关联网络结构与银行业系统性风险 VAR - NETWORK 模型的实证分析［J］. 国际金融研究，2018（6）：53 - 64.

［15］Diebold, F. X. and K. Yilmaz. Better to give than to receive：Predictive directional measurement of volatility spillovers［J］. International Journal of Forecasting，2012，28（1）：57 - 66.

［16］Diebold, F. X. and K. Yilmaz. On the network topology of variance decompositions：Measuring the connectedness of financial firms［J］. Journal of Econometrics，2014，182（1）：119 - 134.

［17］Diebold, F. X. and K. Yilmaz. Financial and Macroeconomic Connectedness：A Network Approach to Measurement and Monitoring. Madison Avenue，NewYork，Oxford University Press，2013.

［18］Koop, G., et al.. Impulse response analysis in nonlinear multivariate models［J］. Journal of Econometrics，1996，74（1）：119 - 147.

［19］Pesaran, H. H. and Y. Shin. Generalized impulse response analysis in linear multivariate models［J］. Economics Letters，1998，58（1）：17 - 29.

［20］Banerjee S, Guhathakurta K. Change - point analysis in financial networks［J］. Stat，2020，9（1）：1 - 15.

［21］Forbes, K. J. and R. Rigobon. No Contagion, Only Interdependence：Measuring Stock Market Comovements［J］. the Journal of Finance，2002，57（5）：2223 - 2261.

［22］Xu, R. , et al. . Topological Characteristics of the Hong Kong Stock Market: A Test – based P – threshold Approach to Understanding Network Complexity. Sci Rep, 2017, 7: 41379.

［23］Aloui et al. Global financial crisis, extreme interdependecnes, and contation effects: the role of economic structure ［J］. Journal of banking & Finance, 2011, 35 (1): 130 – 141.

［24］Bertero and Mayer. Structure and performance: Global interdepence of stock markets around the crash of october 1987 ［J］. European Economic Review, 1990, 34 (6): 1115 – 1180.

［25］Kenourgios et al. . Financial crises and contation: evidence for bric stock market. In Efma. vienna meetings, 2007.

［26］Markwat, Kole and Van Dijk. Contagion as a domino effect in global stock markets ［J］. Journal of Banking & Finance, 2009, 33 (11): 1996 – 2012.

［27］Boubaker, Jouini and Lahiani. Financial contagion between us and selected developed and emerging countries: The case of subprime crisis ［J］. The Quarterly Review of Economics and Finance, 2019, 61: 14 – 28.

［28］Longstaff. The subprime credit crisis and contagion in financial markets ［J］. Journal of financial economics, 2010, 97 (3): 436 – 450.

［29］Gallegati. A wavelet – based to test for financial market contagion ［J］. Computational Statistics & Data Analysis, 2012, 56 (11): 3491 – 3497.

［30］Kazemilari and Djauhari. Correlation network analysis for multi – dimensional data in stocks markets ［J］. Phsic A : Statistical Mechanics and its Applications, 2015, 429: 62 – 75.

［31］Bekaert, Ehrmann and Mehl. The global crisis and equity market contagion ［J］. The Journal of Finance, 2014, 69 (6): 2597 – 2647.

［32］Mantegua. Hierarchical structure in financial markets. The European Physical Journal B – Condensed Matter and Complex systems, 1999, 11 (1):

193 – 197.

[33] Onnela, Chakraborti and Ketesz. Dynamic asset trees and black Monday [J]. Phsica A: Statistical Mechanics and its Applications, 2003, 324 (1 – 2): 247 – 252.

[34] Diebold, F. X. and K. Yilmaz. Better to give than to receive: Predictive directional measurement of volatility spillovers [J]. International Journal of Forecasting, 2012, 28 (1): 57 – 66.

[35] Diebold, F. X. and K. Yilmaz. On the network topology of variance decompositions: Measuring the connectedness of financial firms [J]. Journal of Econometrics, 2014, 182 (1): 119 – 134.

[36] Allen, F. and D. Gale. Optimal Financial Crises. the Journal of Finance, 1998, 53 (4): 1245 – 1284.

[37] Allen, F. and D. Gale. Financial Contagion [J]. Journal of Political Economy, 2000, 108 (1): 1 – 33.

[38] Gale, F. A. a. D. Understanding Financial Crises, Oxford University Press, 2007.

[39] Adrian T, Brunnermeier M K. CoVaR [J]. American Economic Review, 2016, 106 (7): 1705 – 1741.

[40] Battiston S, Iasio G D, Infante L, et al. Capital and Contagion in Financial Networks [J]. IFC Bulletin, 2013.

[41] Acemoglu D, Carvalho V M, Ozdaglar A, et al. The Network Origins of Aggregate Fluctuations [J]. Econometrica, 2012, 80 (5): 1977 – 2016.

[42] Acemoglu D, Ozdaglar A, Tahbaz – Salehi A. Systemic Risk and Stability in Financial Networks [J]. American Economic Review, 2015, 105 (2): 564 – 608.

[43] Affinito M, Franco Pozzolo A. The interbank network across the global financial crisis: Evidence from Italy [J]. Journal of Banking & Finance, 2017,

80：90 – 107.

［44］Allen F, Covi G, Gu X, et al. The Interbank Market Puzzle ［J］. European Central Bank Working paper, 2019.

［45］Bargigli L, Iasio G D, Infante L, et al. Interbank markets and multiplex networks：centrality measures and statistical null models ［M］. Interconnected Networks. Springer. 2016：179 – 194.

［46］Battiston S, Martinez – Jaramillo S. Financial networks and stress testing：Challenges and new research avenues for systemic risk analysis and financial stability implications ［J］. Journal of Financial Stability, 2018（35）6 – 16.

［47］Demirer M, Diebold F X, Liu L, et al. Estimating global bank network connectedness ［J］. Journal of Applied Econometrics, 2018, 33（1）：1 – 15.

［48］Kumar S, Deo N. Correlation and network analysis of global financial indices ［J］. Phys Rev E Stat Nonlin Soft Matter Phys, 2012, 86（2 Pt 2）：026101.

［49］Kenett D Y, Huang X, Vodenska I, et al. Partial correlation analysis：applications for financial markets ［J］. Quantitative Finance, 2015, 15（4）：569 – 578.

［50］Diebold F X, YiLmaz K. On the network topology of variance decompositions：Measuring the connectedness of financial firms ［J］. Journal of Econometrics, 2014, 182（1）：119 – 134.

［51］Billio M, Getmansky M, Lo A W, et al. Econometric measures of connectedness and systemic risk in the finance and insurance sectors ［J］. Journal of Financial Economics, 2012, 104（3）：535 – 559.

［52］Somin S, Altshuler Y, Gordon G, et al. Network Dynamics of a Financial Ecosystem ［J］. Sci Rep, 2020, 10（1）：4587.

［53］Barabasi A L, Albert R. Emergence of scaling in random networks ［J］. Science, 1999, 286（5439）：509 – 512.

［54］ Watts D J, Strogatz S H. Collective Dynamics of "Small – World" Networks ［J］. Nature, 1998, 393 – 443.

［55］ Mantegna R N. Hierarchical structure in financial markets ［J］. THE EUROPEAN PHYSICAL JOURNAL B, 1999, 11: 193 – 197.

［56］ Giraitis L, Kapetanios G, WetherilT A, et al. Estimating the Dynamics and Persistence of Financial Networks, with an Application to the Sterling Money Market ［J］. Journal of Applied Econometrics, 2016, 31 (1): 58 – 84.

［57］ Bonanno G, Caldarelli G, Lillo F, et al. Topology of correlation – based minimal spanning trees in real and model markets ［J］. Phys Rev E Stat Nonlin Soft Matter Phys, 2003, 68 (4 Pt 2): 046130.

［58］ Bonanno G, Caldarelli G, Lilio F, et al. Networks of equities in financial markets ［J］. The European Physical Journal B – Condensed Matter, 2004, 38 (2): 363 – 371.

［59］ Huang W – Q, Zhuang X – T, Yao S. A network analysis of the Chinese stock market ［J］. Physica A: Statistical Mechanics and its Applications, 2009, 388 (14): 2956 – 2964.

［60］ Tse C K, Liu J, Lau F C M. A network perspective of the stock market ［J］. Journal of Empirical Finance, 2010, 17 (4): 659 – 667.

［61］ Tumminello M, Lillo F, Mantegna R N. Correlation, hierarchies, and networks in financial markets ［J］. Journal of Economic Behavior & Organization, 2010, 75 (1): 40 – 58.

［62］ Kumar S, Deo N. Correlation and network analysis of global financial indices ［J］. Phys Rev E Stat Nonlin Soft Matter Phys, 2012, 86 (2 Pt 2): 026101.

［63］ Xu R, Wong W K, Chen G, et al. Topological Characteristics of the Hong Kong Stock Market: A Test – based P – threshold Approach to Understanding Network Complexity ［J］. Sci Rep, 2017, 7: 41379.

[64] Tumminello M, Aste T, Di Matteo T, et al. A tool for filtering information in complex systems [J]. Proc Natl Acad Sci U S A, 2005, 102 (30): 10421 – 10426.

[65] Bernasschi M, Grilli L, Marangio L, et al. Statistical characterization of the fixed income market efficiency [J]. arXiv: cond – mat/0003025, 2003.

[66] Marsili M. Dissecting financial markets: sectors and states [J]. Quantitative Finance, 2002, 2 (4): 297 – 302.

[67] Kullmann L, Kertesz J, Kaski K. Time – dependent cross – correlations between different stock returns: a directed network of influence [J]. Phys Rev E Stat Nonlin Soft Matter Phys, 2002, 66 (2 Pt 2): 026125.

[68] Giadaa L, Marsili M. Algorithms of maximum likelihood data clustering with applications [J]. Physica A, 2002, 315: 650 – 664.

[69] Boginski V, Butenko S, Pardalos P M. Statistical analysis of financial networks [J]. Computational Statistics & Data Analysis, 2005, 48 (2): 431 – 443.

[70] Tumminello M, Lillo F, Mantegna R N. Kullback – Leibler distance as a measure of the information filtered from multivariate data [J]. Phys Rev E Stat Nonlin Soft Matter Phys, 2007, 76 (3 Pt 1): 031123.

[71] Kenett D Y, Huang X, Vodenska I, et al. Partial correlation analysis: applications for financial markets [J]. Quantitative Finance, 2015, 15 (4): 569 – 578.

[72] Diebold F X, Yilmaz K. On the network topology of variance decompositions: Measuring the connectedness of financial firms [J]. Journal of Econometrics, 2014, 182 (1): 119 – 134.

[73] Demirer M, Gokcen U, Yilmaz K. Financial Sector Volatility Connectedness and Equity Returns [J]. Koc University – TUSIAD Economic Research Forum Working Papers 1803, 2018.

［74］ Demirer M, Diebold F X, Liu L, et al. Estimating global bank network connectedness ［J］. Journal of Applied Econometrics, 2018, 33 (1): 1 – 15.

［75］ Billio M, Getmansky M, Lo A W, et al. Econometric measures of connectedness and systemic risk in the finance and insurance sectors ［J］. Journal of Financial Economics, 2012, 104 (3): 535 – 559.

［76］ Adamic L, Brunetti C, Harris J H, et al. Trading networks ［J］. The Econometrics Journal, 2017, 20 (3): 126 – 149.